AF546003

Frank C. Laubach

In jeder Minute bist du da

Klassiker der christlichen Spiritualität
Band 4

Frank C. Laubach

In jeder Minute bist du da

Spielerisch Gottes Gegenwart entdecken

Aus dem Amerikanischen übersetzt
von Bernardin Schellenberger, Fischbachau

Die amerikanische Originalausgabe erschien 2007 in den USA bei Purposeful Design Publications, einer Abteilung der Association of Christian Schools International. In Großbritannien erschien dieses Buch 2011 unter dem Titel *Letters from a Modern Mystic – Excerpts from letters written to his father* bei der Society for Promoting Christian Knowledge (SPCK), London

Dieses Buch ist auch als E-Book erhältlich:
ISBN 978-3-86256-720-1

Die Deutsche Bibliothek verzeichnet diese Publikation in der Deutschen Nationalbibliografie; detaillierte bibliografische Daten sind im Internet über www.d-nb.de abrufbar

Lektorat: Dr. Thomas Baumann
Umschlaggestaltung: spoon design, Olaf Johannson
Umschlagbilder: liseykina/ShutterStock.com®
Satz: Neufeld Verlag
Herstellung: CPI – Clausen & Bosse, Birkstraße 10, 25917 Leck

2. Auflage 2022

ISBN 978-3-86256-031-8, Bestell-Nummer 590 031

www.neufeld-verlag.de

Bleiben Sie auf dem Laufenden:
newsletter.neufeld-verlag.de
www.**facebook**.com/NeufeldVerlag
www.neufeld-verlag.de/**blog**

NEUFELD VERLAG

Inhalt

Zitate von Frank C. Laubach aus diesem Buch

Wenn ich etwas brauche und mich umdrehe, merke ich, dass es hinter mir schon auf mich wartet. Sicher, ich muss selbst arbeiten, aber Gott arbeitet mit mir zusammen.

* * *

Mir kommt vor, ich muss mich jetzt nur um etwas Einziges kümmern, und alles andere »erledigt sich von selbst« oder, wie ich lieber sage und was richtiger ist: Alles andere erledigt Gott. Mein Beitrag besteht darin, diese Stunde im ständigen inneren Gespräch mit Gott und vollkommener Fügsamkeit gegenüber seinem Willen zu leben, damit diese Stunde wunderbar reich wird.

* * *

Jedes Jetzt ist eine Ewigkeit, wenn es von Gott voll ist.

* * *

Ich komme jeden Tag neu darauf, dass die beste der fünf oder sechs Weisen, auf die ich versuche, in Kontakt mit Gott zu bleiben, darin besteht, auf seine Gedanken zu warten und ihn zu bitten, zu mir zu sprechen.

* * *

Wenn dieses ganze Universum den verzweifelten Versuch der Liebe darstellt, sich zu verkörpern, dann sind »wichtige Pflichten«, die uns davon abhalten, schwachen Menschen zu helfen, keine Pflichten, sondern Sünden ...

* * *

Es ist genauso sehr unsere Pflicht, auf irgendeinem Berg der Verklärung in der Gegenwart Gottes zu leben, bis wir mit Christus weiß werden, wie wir die Pflicht haben, dorthin hinabzusteigen, wo unsere Mitmenschen sich plagen, sich winden und stöhnen, um sie ins neue Leben hinaufzuheben.

* * *

Hat dich Gott je als der Große Aufstöberer getroffen? Zu einem scheint er fest entschlossen zu sein: uns am Einschlafen zu hindern.

* * *

Die Schönheit des Opfers ist der Gipfel der Schönheit.

* * *

Ich habe beschlossen, durch Gott hindurch auf die Menschen zu blicken, verwende also Gott als meine Brille, die mit seiner Liebe zu ihnen gefärbt ist.

»Ist Gott dein Freund?«, oder anders gefragt: »Liebst du Gott?« Diese dritte Stufe ist die wirklich lebenswichtige. Wie kann man sie erreichen? Genau auf die gleiche Weise, wie man jede Freundschaft entwickelt: indem man Dinge gemeinsam tut.

* * *

Wenn mich also jemand fragen würde, wie man Gott finden kann, würde ich auf der Stelle sagen: Ergründe den tiefsten Hunger, den du finden kannst, und lass über dem Versuch, diesen Hunger zu stillen, deine ganze Bequemlichkeit hinter dir. Sprich darüber mit Gott und – er wird da sein.

* * *

Du kannst Gott nicht für dich behalten, solange du ihn nicht an andere weitergibst.

* * *

Gott ist unendlich viel wichtiger als sein Ratschlag oder seine Gaben. Ja er, er selbst, ist das große Geschenk.

* * *

Ein guter Charakter ist hundertmal mehr wert als großes Wissen oder akademische Titel.

* * *

Mit Gott kann jede Minute zu einem frischen Neuanfang werden.

* * *

Vorwort von Dallas Willard

Sie halten hier einen Schatz in Händen, den Christus allen Menschen geschenkt hat, die sich danach sehnen, heute ihr Alltagsleben in der ständigen Gegenwart und aus der Kraft Gottes heraus zu leben. Vermittelt wird er uns von der Seele eines Menschen, der genau ein solches Leben geführt hat: Frank C. Laubach. Er war ein durch und durch heutiger Mensch, auf allen Ebenen in den Dingen dieser Welt daheim, aber zugleich auch unter allen Umständen der ständige Diener Christi und seiner Mitmenschen. Laubach war aus seinem Glauben an Christus heraus international politisch und kulturell engagiert, verfügte dabei aber gleichzeitig über eine ganz tiefe Einfachheit, Intelligenz und Spiritualität. Wie Sie sehen werden, ist dieser Mann sogar größer als seine Botschaft. Er steht persönlich als Garant dafür, dass das, was er über ein ständiges Leben mit Gott und in Gott sagt, wirklich wahr ist.

Frank C. Laubach erschließt uns mit seiner poetischen Bilderwelt und klaren Prosa einen einfachen und wirksamen Weg zu einem Leben, in dem Gott immer nahe ist und alles, was uns die Heilige Schrift und unzählige Lieder und andere Lobpreistexte sagen, tatsächlich unser Alltagsleben durchzieht. Er zeigt uns auf eine Weise, die vielen Nachfolgern Christi früherer Zeiten vertraut war, jedoch den Anhängern modernerer Formen des Christentums weithin verloren ging, die einfachen, praktischen Schritte, die wir – ganz unabhängig von unseren »Qualifikationen« oder Umständen – anstellen können, um unser Bewusstsein mit der Wirklichkeit Gottes, Christi und seines Reiches zu erfüllen.

Diese Methode ist einfach und lässt sich mit etwas anhaltender Übung auf eine Weise lernen, die keine Last, sondern ein Segen ist, der mehr Kraft schenkt, als er Aufwand erfordert. Auf die kürzeste Formel gebracht heißt das, wir können es lernen, »uns Gott in jeder Minute mindestens eine Sekunde lang zu Bewusstsein zu bringen«. Wir üben das im Lauf der Zeit ein, bis es uns zur gleichen Routine wie das Atmen wird. Andere Dinge sind dazu hilfreich, wie etwa die regelmäßige intensive Beschäftigung mit den Evangelien und der Austausch mit anderen, die den gleichen Weg gehen und das gleiche Leben praktizieren. Aber im Kern besteht dieses Unternehmen darin, eine kurze Sekunde jeder Minute dem Denken an Gott zu widmen. Wenn wir uns das zum Ziel setzen, entdecken wir viele Möglichkeiten, es zu verwirklichen, und vieles, was uns dazu helfen kann. Der Seele, die das lernen will, steht Gott im Lauf der Zeit dazu bei.

Frank C. Laubach war gut darin bewandert, wie unser Geist funktioniert. Er kannte unsere Fähigkeit, uns viele Dinge gleichzeitig vor Augen zu halten, und er wusste auch, dass etwas nicht sofort verschwindet, wenn uns etwas anderes in den Kopf kommt. Vielmehr umschwebt es weiterhin unseren Geist und der Duft seiner Anwesenheit prägt die Atmosphäre unseres Bewusstseins. So bleiben Gott und sein Wirken immer anwesend, vom Horizont bis zum Zentrum.

Jeder Mensch, der unablässig aktiv Gott lieben möchte, kann das fertig bringen. Schon einem Kind ist das möglich, und genauso all denjenigen, die keine besonderen Qualifikationen oder Talente haben. Wenn Sie sich geduldig an die Anleitungen dieses Buches halten, werden Sie rasch ihre erstaunlichen Resultate erleben. Beginnen Sie doch gleich jetzt damit! Die Tür steht offen und der Meister ruft. Sie können bestimmt nichts Besseres tun. Wenn Sie sich an diese Anleitungen halten, wird alles andere, was Sie tun, besser denn je gehen.

Dallas Willard

Der Sohn stellt seinen Vater vor

Wozu sollte man das Tagebuch eines Menschen lesen, der vor einem Dreivierteljahrhundert gelebt hat? Weil es das Tagebuch eines Mannes ist, der seinen Weg ganz mit Gott ging. Dieser Mann – Frank C. Laubach, mein Vater – führte sein Tagebuch zu einer Zeit, in der er Tiefen durchlebte, die ihn stärker denn je entmutigten.

Er war allein in einem fremden Land, unter einem Volk, dessen Sprache er sich erst noch aneignen und dessen Religion er erst noch kennen und schätzen lernen musste. Die Gleichgültigkeit der Menschen stieß diesen Missionar vor den Kopf, der so gut ausgebildet war und so versessen darauf, ihnen zu helfen. In seiner Verzweiflung wandte er sich auf Signal Hill, einem kleinen Hügel gleich außerhalb der Stadt Dansalan auf den Philippinen, Nacht für Nacht im Gespräch an Gott.

Dieses Gebetstagebuch schildert, wie er es nach und nach lernte, mit Gott zu sprechen und seinen Weg zu gehen. Während er dies tat, machte ihn Gott klein und lehrte ihn, mit seinen neuen Freunden, den Maranao, zu leben und zu arbeiten. Aus diesem spirituellen Weg ergab sich das einzigartige Konzept von Gottes Liebe in Aktion, wie sie zum

Ausdruck kommt, wenn ein des Lesens und Schreibens kundiger Mensch einen Analphabeten unterrichtet.

Jeder, der die spirituelle Tiefe erfasst, auf welcher der Grundsatz »jeder unterrichtet einen weiteren« beruht, sollte häufig auf dieses kleine Buch zurückgreifen.

Robert S. Laubach
Syracuse, New York

Frank C. Laubach

I.

Aus den Briefen

3. Januar 1930

Zum Zurückblicken fähig sein und sagen können: »Das, genau das war das schönste Jahr meines Lebens« – das ist großartig. Aber das vorher schon sagen zu können! Im Vorausblick zu sagen: »Das jetzige Jahr kann und wird noch besser sein!« – Das ist noch großartiger.

Würden wir über unsere eigenen Leistungen so sprechen, wären wir gewaltige Egoisten. Aber wenn wir das im Blick auf die Güte Gottes sagen und es ehrlich meinen, sind wir einfach bloß dankbar. Genau das bin und bezeuge ich. Ich habe nichts anderes getan, als Fenster aufzumachen. Alles übrige hat Gott vollbracht. Ich habe wenig und nichts Aufsehen Erregendes geleistet. Aber ich habe eine ganze Abfolge wunderbarer Erfahrungen der Freundschaft mit Gott gemacht. Im Rückblick auf das vergangene Jahr habe ich das Gefühl, dass ich kaum hätte mehr aushalten können, ohne vor lauter Freude zu zerspringen. Es war mein einsamstes Jahr und in gewisser Hinsicht das mühsamste meines Lebens, aber dasjenige, das auf großartige Weise voller himmlischer Stimmen war.

Und es ist wunderschön zu Ende gegangen. Die Burschen und Mädchen von Silliman waren zu einem Nachtgottesdienst zusammengekommen. Wir besprachen fast bis Mitternacht unsere hochherzigen Vorsätze.

Und ich fügte mir einen weiteren Vorsatz hinzu: für die Menschen und ihre Bedürfnisse genauso weit offen zu sein wie für Gott. Die Fenster gehen sowohl nach außen auf als auch nach oben! Ganz besonders aber gehen die Fenster nach unten auf, dorthin, wo die Menschen am bedürftigsten sind!

20. Januar 1930

Der Umstand, in der Atmosphäre des Islams zu leben, erweist sich – bislang – als gewaltiger spiritueller Ansporn. Mohammed hilft mir. Ich habe weniger als vor zwanzig Jahren die Absicht, mein Christentum aufzugeben und Muslim zu werden, aber ich empfinde mich von der islamischen Gotteserfahrung her reich beschenkt.

Der Islam betont den Willen Gottes. Er ist das Höchste. Wir können keinen seiner mächtigen Ratschlüsse ändern. Der Versuch, das zu tun, bedeutet Zunichtewerden. Die erste und letzte Pflicht des Menschen ist die Unterwerfung.

Das ist genau das, was ich in meinem Leben als Christ gebraucht habe. Auch wenn ich schon fünfzehn Jahre lang Geistlicher und Missionar bin, habe ich mich nicht tagtäglich Minute um Minute darum bemüht, mich an den Willen Gottes zu halten. Vor zwei Jahren hat mich eine tiefe Unzufriedenheit dazu geführt, dass ich mein Tun ungefähr alle fünfzehn Minuten oder jede halbe Stunde bewusst auf den

Willen Gottes hin auszurichten versuchte. Alle diejenigen, denen ich diesen meinen Vorsatz gestand, sagten, das sei unmöglich. Aus dem, was ich da zu hören bekam, schließe ich, dass in Wirklichkeit nur wenige das auch nur versuchen.

Aber dieses Jahr habe ich mit dem Versuch angefangen, alle meine wachen Augenblicke im bewussten Hinhören auf die innere Stimme zu verbringen und unablässig zu fragen: »Vater, was willst du, dass ich sage? Vater, was willst du, dass ich in dieser Minute tue?«

Das ist ganz klar genau das, was Jesus tagtäglich getan hat. Aber nicht viele seiner Anhänger haben das genauso getan.

26. Januar 1930

Ihr, die ihr diese Briefe hier lest, werdet merken, dass ich hier gleich zwei Länder erkunde, die beide für mich neu sind. Das eine liegt in meiner eigenen Seele; das andere in der Seele der Moros.

In den letzten paar Tagen habe ich mich in einer vollständigeren Auslieferung als jemals zuvor versucht. Ich fasse immer wieder den ausdrücklichen Vorsatz, mir von jeder Stunde genügend Zeit zu nehmen, um mein Denken stärker auf Gott ausrichten zu können. Dabei habe ich gestern und heute etwas Neues erlebt, das sich nicht leicht in

Worte fassen lässt. Ich fühlte Gott in jeder Bewegung in Form eines Willensaktes: des Wollens, dass er diese Finger hier führe, die jetzt auf die Schreibmaschine tippen – des Wollens, dass er meine Schritte lenke, wenn ich gehe – des Wollens, dass er mir die Worte eingebe, wenn ich spreche, und sogar, dass er meine Kinnbacken bewege, wenn ich esse!

Ihr werdet gegen diese intensive Innenschau eure Einwände haben. Versucht das nicht, solange ihr nicht eure eigene Beziehung zu Gott als ungenügend empfindet, aber lasst wenigstens zu, dass ich, soweit ich nur kann, wahrnehme, wie Gott mich in allem führt. Mich stößt die Kleinlichkeit und Nichtigkeit meines führungslosen Selbst ab. Falls der Ausweg daraus nicht in einer vollkommeneren Unterwerfung unter Gott besteht, worin besteht er dann? Paulus spricht von unserer Freiheit in Christus. Ich versuche, von allen Menschen und von meinem eigenen Selbst frei zu sein, mich jedoch in jedem Augenblick dieses Tages vollkommen dem Willen Gottes zu unterwerfen.

Während meiner Kindheit sangen wir in unserer Kirche in Benton immer wieder ein Lied, das ich besonders gern mochte, aber bis jetzt nie wirklich in die Praxis umgesetzt habe. Darin heißt es:

Augenblick um Augenblick
birgt mich seine Liebe;
Augenblick um Augenblick
empfange ich von oben Leben.
Ich blicke auf zu Jesus,
bis die Herrlichkeit erscheint.

Augenblick um Augenblick,
o Herr, bin ich dein. [1]

Genau diese Auslieferung, diese Ansprechbarkeit, dieser Gehorsam, diese Empfänglichkeit und Fügsamkeit in jedem »Augenblick um Augenblick« des wachen Bewusstseins ist es, wozu mein Geist sich hingezogen fühlt, um es, so gut ich nur irgend kann, zu erkunden. Es ist der Ausdruck zweier brennender Leidenschaften: Erstens, so wie Jesus zu sein. Und zweitens, Gott so genau zu entsprechen, wie eine Violine dem Bogen des Meisters entspricht.

Zur Verteidigung dessen, dass ich meine Seele öffne und sie auf diese Weise dem öffentlichen Anblick preisgebe, möchte ich sagen, dass es mir scheint, wir tun in Wirklichkeit selten jemandem viel Gutes außer dann, wenn wir die tiefsten Erfahrungen unserer Seele auf diese Weise mit anderen teilen. Es ist nicht Mode, seine innersten Gedanken mitzuteilen, aber es gibt viele falsche Moden, und wenn wir das Beste in uns verborgen halten, ist das falsch. Ich lehne die übliche Praxis des *Small Talk* ab, den wir pflegen, sooft wir einander über den Weg laufen, und dabei unsere Seelen verhüllt lassen. Wenn wir derart verarmt sind, dass wir einander nicht mehr als bloßen *Small Talk* zu offenbaren haben, müssen wir uns energisch um mehr Reichtum für unsere Seelen kümmern. Was mich angeht, bin ich der festen Überzeugung, dass diese spirituelle Pilgerreise, die ich angetreten habe, unendlich lohnend ist, ja das wich-

1 Moment by moment, I'm kept in His love; / Moment by moment, I've life from above; / Looking to Jesus till glory doth shine; / Moment by moment, O Lord, I am Thine.

tigste mir Bekannte, worüber ich etwas zu sagen habe. Und sagen werde ich etwas, solange noch irgend jemand da ist, der mir zuhört. Zudem hungere ich danach – und wie ich hungere! –, dass auch andere mir von ihren Seelenabenteuern erzählen.

Während ich gerade diese letzte Seite fertig schrieb, spielte sich draußen vor dem Fenster einer der grandiosesten Sonnenuntergänge ab, die ich je gesehen habe. Mir zogen wie ein Gesang die Worte durch die Seele: »Ich blicke auf zu Jesus, bis die Herrlichkeit erscheint!« Von Herrlichkeit war der ganze Himmel überzogen, bis dann alles purpurrot wurde. Sogar das Papier, auf dem ich schrieb, wurde vom Widerschein des geröteten Himmels ganz rot. Es war die Spiegelung meiner eigenen Seele, auf die Gott heute seine wunderbaren Visionen gemalt hatte. Ist dieser wunderbare Himmel nicht ein großartiges Gleichnis? Öffne deine Seele und trage die Herrlichkeit Gottes in dir. Nach einiger Zeit wird sich diese Herrlichkeit in der dich umgebenden Welt und sogar in den Wolken über deinem Kopf spiegeln.

29. Januar 1930

Ich fühle mich einfach Stunde um Stunde getragen. Ich steuere meinen Teil zu einem Plan bei, der mich selbst weit übersteigt. Dieses Gefühl der Kooperation mit Gott in kleinen Dingen erstaunt mich ganz gewaltig, denn so habe ich das noch nie empfunden. Wenn ich etwas brauche und mich umdrehe, merke ich, dass es hinter mir schon auf mich wartet. Sicher, ich muss selbst arbeiten, aber Gott arbeitet mit mir zusammen. Dies zu wissen, schenkt ein Gefühl der Sicherheit und des festen Vertrauens auf die Zukunft, und auch das ist etwas ganz Neues in meinem Leben. Mir kommt vor, ich muss mich jetzt nur um etwas Einziges kümmern, und alles andere »erledigt sich von selbst«, oder wie ich lieber sage und was richtiger ist: Alles andere erledigt Gott. Mein Beitrag besteht darin, diese Stunde im ständigen inneren Gespräch mit Gott und in vollkommener Fügsamkeit gegenüber seinem Willen zu leben, damit diese Stunde wunderbar reich wird. Das scheint alles zu sein, woran ich denken muss.

1. März 1930

Das Gefühl, von einer unsichtbaren Hand geführt zu werden, die mich an der Hand hält, während eine zweite Hand vorausgreift und den Weg bereitet, kommt mir tagtäglich mehr. Ich brauche mich überhaupt nicht um gute Gelegenheiten zu bemühen. Sie rollen mir entgegen, wie Wellen auf den Strand zurollen, und dennoch ist genügend Zeit dafür, jede Gelegenheit zu nutzen.

Vielleicht sollte jemand, der seit 1914 ordinierter Geistlicher ist, sich schämen, wenn er bekennt, dass er noch nie zuvor stündlich, ja Minute um Minute derart die Freude vollkommener – wie soll ich es jetzt nennen? – Auslieferung? aber es ist mehr – empfunden hat. Ähnliches empfand ich schon früher. Es ist mehr als ein Horchen auf Gott. Das habe ich schon früher versucht. Ich kann den Ausdruck nicht finden, der für dich oder mich das bezeichnet, was ich jetzt erfahre. Es ist ein Willensakt. Ich zwinge meinen Geist, sich geradewegs für Gott zu öffnen. Ich warte und horche mit entschiedenem Feingefühl. Ich fixiere meine Aufmerksamkeit darauf. Zuweilen bedarf es früh morgens einer langen Zeit, um diesen mentalen Zustand zu erreichen. Ich beschließe, nicht aus dem Bett zu gehen, ehe nicht diese Geisteshaltung, diese Konzentration auf Gott, sich eingestellt hat. Das erfordert zudem Entschiedenheit, sie beizubehalten, denn ich habe das Gefühl, als übten die Worte und Gedanken anderer in meiner Umgebung ständig einen Zug nach rückwärts oder zur Seite hin aus. Aber in jüngster Zeit habe ich weithin diese Zielgerichtetheit nicht lange aus den Augen verloren und bin immer wieder schnell zu ihr zurückgekehrt. Nach einiger Zeit wird sie vielleicht zur Gewohnheit und das Gefühl des sich darum Bemühens nimmt ab.

Aber warum reite ich ständig auf dieser inneren Erfahrung herum? Weil ich davon überzeugt bin, dass auf diesem Weg mich und dich, der du das liest, unentdeckte Kontinente spirituellen Lebens erwarten, im Vergleich mit denen wir noch nichtsahnende Kinder sind.

Und ich muss bezeugen, dass die Menschen von außen her mich jetzt anders behandeln. Hindernisse, die ich früher als unüberwindlich betrachtet hätte, lösen sich wie Luftspiegelungen auf. Menschen, die mir gegenüber misstrauisch waren oder mich nicht beachteten, werden freundlich zu mir. Ich fühle, ja fühle mich wie jemand, der seine Violine nicht richtig auf das Orchester abgestimmt hatte und jetzt endlich in Harmonie mit der Musik des Universums ist.

Was mich angeht, habe ich noch nie richtig gelebt, ich war halb tot, ich war ein verrottender Baum, bis ich schließlich den Ort erreichte, an dem ich voll und ganz, mit äußerster Ehrlichkeit, beschloss und dann immer wieder beschloss, Gottes Willen finden zu wollen und auch diesen Willen erfüllen zu wollen, obwohl jede Faser in mir Nein sagte, und dass ich diese Schlacht in meinen Gedanken gewinnen wollte. Das war, als wäre ein tiefer artesischer Brunnen in meiner Seele angegraben worden und es quelle daraus eine ungeheure Kraft empor. Ich behaupte noch nicht, dass das auch nur einen einzigen Tag lang wirklich gelungen wäre, aber manche Tage kommen dem Erfolg nahe und jeder Tag ist von der prickelnden Freude einer großartigen Entdeckung erfüllt. Das ist etwas Ewiges. Das ist etwas Unbesiegbares. Du und ich, wir werden schon bald von unseren Körpern fortgeweht werden. Geld, Lob,

Armut, Widerstand – das alles macht nichts aus, denn alles das wird in tausend Jahren vergessen sein, aber dieser Geist, der jemanden überkommt, wenn er sich auf ständige Auslieferung einstellt, dieser Geist ist zeitloses Leben.

9. März 1930

Zum ersten Mal in meinem Leben weiß ich, was ich hier weitab im einsamen Lanao tun muss. Ich weiß, warum Gott diese schmerzliche Leere gelassen hat, um sie mit sich Selbst zu füllen. Fernab hier auf diesem Berg muss ich drei Dinge tun:

1. Ich muss diese Entdeckungsreise der Suche nach Gottes Willen fortsetzen. Ich muss das tun, weil die Welt es nötig hat, dass ich das tue.
2. Ich muss mich in gewaltige Experimente mit dem Fürbittgebet stürzen, um meine Hypothese zu testen, dass Gott meine Hilfe braucht, um seinen Willen für andere zu erfüllen, und dass mein Gebet seine Kraft freisetzt. Ich muss sein Kanal sein, denn die Welt braucht mich.
3. Ich muss diese Moros mit einer göttlichen Liebe konfrontieren, die ihnen Christus zuspricht, obwohl ich nie seinen Namen gebrauche. Sie müssen Gott in mir sehen und ich muss Gott in ihnen sehen. Ich brauche nicht den

> Namen ihrer Religion zu ändern, sondern muss sie nur an der Hand nehmen und sagen: »Kommt, lasst uns nach Gott Ausschau halten.«

Als wir vor einigen Tagen auf die Priester stießen, beteten sie in einem Boot zusammen mit fünfunddreißig Moros, von denen mir viele zuriefen, ich solle mich ihnen anschließen. So streckte ich meine Hände aus und betete mit ihnen und genauso ernst wie sie alle. Einer von ihnen sagte: »Er ist Islam« und ich entgegnete: »Ein Freund des Islam.«

Mein Lehrer, Dato Pambaya, sagte mir diese Woche, ein guter Muslim sollte das heilige Wort für Gott jedes Mal aussprechen, wenn er irgendetwas beginnt, sei es das Schlafen, Gehen oder Arbeiten oder sogar wenn er sich umdrehen will. Ein guter Muslim fülle sein Leben mit Gott aus. Ich fürchte, es gibt nur wenige gute Muslime.

Aber so würde auch ein echt christusförmiger Christ mit Gott sprechen, sooft er sich anschickt, irgendetwas zu tun – und ich fürchte, es gibt nur wenige gute Christen.

Welches Recht habe also ich oder jeder andere Mensch, hierher zu kommen und den Namen dieser Menschen von Muslimen in Christen zu ändern, solange ich sie nicht zu einem stärker von Gott erfüllten Leben führe, als sie es jetzt haben? Ganz und gar klar ist mir: Meine Aufgabe hier besteht nicht darin, auf den Dorfplatz zu gehen und Proselyten zu machen, sondern ich soll ganz in Gott gehüllt leben, beben von seinen Gedanken, brennen mit seiner Leidenschaft. Und, mein Lieber, das ist das beste Geschenk, das du deiner eigenen Stadt geben kannst.

Ich blicke auf diese Seite und sie ist nicht rotglühend, wie meine Seele es jetzt ist. Auf ihr ist schwarze Tinte. Sie sollte mit rotem Band beschrieben sein. Du wirst nicht die

Tränen sehen, die auf diese Schreibmaschine fallen, Tränen grenzenloser Freude, die losgebrochen ist.

Die wunderbarste Entdeckung, die mir je zuteil geworden ist, ist die, dass ich nicht irgendeine künftige Zeit abwarten muss, bis diese glorreiche Stunde anbricht. Ich brauche nicht zu singen: »Oh, that will be glory for me«, »O, das wird Herrlichkeit für mich sein« – und erst noch aufs Grab warten. Schon diese jetzige Stunde kann der Himmel sein. Jede Stunde kann für jeden so reich wie Gott sein! Denn siehst du nicht, dass Gott mit den Menschenleben Experimente anzustellen versucht? Darum gibt es von ihnen so viele. Er hat in diesem Augenblick eine Milliarde siebenhundert Millionen Experimente in der Welt laufen. Und seine Frage ist: »Wie weit werden dieser Mann und diese Frau es mir gestatten, diese Stunde zu tragen?« An diesem Sonntagnachmittag um drei Uhr fragte er das uns alle. Ich weiß nicht, was ihr alle anderen gesagt habt, aber ich jedenfalls stellte die Frage: »Gott, wie wunderbar möchtest du diese Stunde allein mit dir haben?«

»Sie kann so wunderbar sein wie jede andere Stunde, die irgendein Menschenwesen jemals erlebt hat. Denn ich, der ich das Leben durch die Protozoen und das winzige Gras hindurch vorangetrieben habe, und durch die Fische und die Vögel und den Hund und den Gorilla und den Menschen, und der ich auf göttliche Söhne und Töchter aus bin, ich bin damit immer noch nicht zufrieden. Ich bin nicht nur willens, diese Stunde wunderbar werden zu lassen. Ich bin daran, dich mit dem Christus-Etwas zu entflammen, das keinen Namen hat. Wie weit kannst du dich voll und ganz ausliefern und keine Angst haben?«

Und ich gab zur Antwort: »Erfülle meinen Geist bis in die letzte Ritze mit deinem Geist. Fang mich in deinen

Armen auf und lass diese Stunde so schrecklich glorreich werden, wie sie je ein Mensch erlebt hat, falls das dein Wille ist.

Und Gott, ich kann schwerlich sehen, wie jemand leben könnte, falls sein Herz mehr empfinge als das, was das meinige in diesen letzten zwei Stunden von dir empfangen hat.«

Werden sie andauern? Ach, das ist die Frage, die ich nicht zu stellen brauche. Ich werde ganz einfach nur diese Stunde ausleben, bis sie voll ist, und dann in die nächste Stunde treten. Weder das Morgen zählt, noch das Gestern. Jedes Jetzt ist eine Ewigkeit, wenn es von Gott voll ist.

Aber wie »praktisch« ist das für den durchschnittlichen Menschen? Mir scheint jetzt, dass jener Pflüger wie Calixto Sanidad sein könnte, der ein einsamer und misshandelter Pflügerjunge war, »mit meinen Augen in der Furche und meinen Händen am Pflug, aber meinen Gedanken auf Gott ausgerichtet«. Der Zimmermann könnte genauso Gottes voll sein, wie es Christus war, als er Nägel einschlug. Die Millionen Menschen an Webstühlen und Drehbänken könnten ihre Stunden glorreich werden lassen. Irgendeine Stunde irgendeines Nachtwächters könnte zur glorreichsten Stunde werden, die jemand je auf der Erde erlebt hat. Gott ist noch nicht durch. Er ist erst am Durchbrechen, und ich denke, in der Regel muss er bei den Armen weniger Gleichgültigkeit überwinden als bei den Reichen.

Andererseits verfügt der reiche Mensch über die wunderbare Möglichkeit, ein Opfer darzubringen, das ihm fast das Herz aus der Brust reißt. Wenn er den Ort sucht, an dem sein Reichtum am dringendsten gebraucht wird, und dann alles, was er hat, in diese Sache wirft, und dann sich selbst mitsamt seinem Geld in diese Sache wirft, wie Jesus den reichen jungen Mann anwies, wird sein Geld in diesem

Augenblick in die goldenen Fäden des Himmels verwandelt werden. Vielleicht gibt es auch einen anderen Weg, aber in meinen Augen stehen reiche Menschen nur vor einer nackten Wand, durch die es einzig die Tür gibt, durch die ich gegangen bin, und der Schritt da hindurch ist ein Opfer, das schmerzt und schmerzt und – hinter Golgatha kommt Gott!

Der Himmel draußen strahlt hell vom goldenen Sonnenuntergang. Für mich ist das Gott, der am Himmel wirkt, so wie er diesen Nachmittag so wunderbar in mir gewirkt hat.

15. März 1930

Sollte man diesen Briefen einen Namen geben müssen, so denke ich, er müsste lauten: »Die Geschichte einer Neubekehrung«, denn etwas dieser Art ist immer noch im Gang. Diese Woche hat sich aus meiner Einsamkeit eine neue und für mich wunderbare Erfahrung ergeben. Ich war derart verzweifelt einsam, dass es unerträglich war, es sei denn, ich sprach mit Gott. Und so habe ich in jedem wachen Moment der Woche nach ihm Ausschau gehalten, mit Ausnahme vielleicht von ein oder zwei Stunden.

Letzten Donnerstagabend hörte ich in Lumbatan einem Grammophon zu und gestattete meinem Herzen das innere Kommunizieren, als etwas in mir zerbrach und ich nicht nur die Sehnsucht empfand, meinen eigenen Willen emporzurecken und ihn vollständig Gott zu schenken, sondern auch alle Willen in der Welt emporzuheben und sie alle in einer äußersten Auslieferung seinem Willen anzubieten. Diese große Sehnsucht zu verspüren, wie ich sie mit meinem ganzen Wesen empfand; sich dringend zu wünschen, seine Schulter unter allen Hunger und alle Not der Welt zu schieben und das alles zu Gott zu tragen – ist das nicht die höchste Sehnsucht, die man jemals verspüren kann? Vermutlich nicht, aber sie ist bislang der höchste Gipfel meiner spirituellen Erfahrung.

Gott, sei du der Gedanke in meinem Gehirn und sei du der Gedanke in jedem Gehirn auf der Welt, so dass kein Gedanke außer den Gedanken Gottes in jeglichem menschlichen Geist geboren wird. Das wird der Himmel sein!

Wie unendlich reicher ist doch dieses direkte, aus erster Hand an Gott selbst Rühren als die alte Methode, die ich jahrelang anwandte und empfahl, nämlich das Lesen endloser Andachtsbücher. Jetzt kommt es mir fast so vor, dass man selbst die Bibel nicht als Ersatz dafür lesen kann, dass man Gott von Seele zu Seele und Angesicht zu Angesicht begegnet. Und dennoch: Wie konnte ich diese neue Form der Nähe erreichen? Ach, jetzt weiß ich, dass ich dazu das Innerste meines Herzens anschneiden lassen und Leiden auf mich nehmen musste. Diese Woche sagte mir jemand, niemand könne mit einer Violine die letzten Tiefen der menschlichen Sehnsucht zum Ausdruck bringen, wenn nicht seine Seele zuvor von irgendeiner großen Not ganz zart gemacht worden sei. Ich sage nicht, das sei der einzige Weg zum Herzen Gottes, aber ich muss bezeugen, dass dies für mich ein inneres Heiligtum aufgetan hat, in das ich zuvor noch niemals eingetreten war.

23. März 1930

Du und du und du und ich erfahren tatsächlich zuweilen den zarten, frischen Kontakt mit Gott, und zuweilen führen wir auch seinen Willen aus. Eine Frage, die jetzt zur Prüfung ansteht, lautet: Können wir die ganze Zeit mit Gott in Kontakt sein? Unsere ganze wache Zeit hindurch, in seinen Armen einschlafen und in seiner Gegenwart aufwachen? Können wir so weit kommen? Können wir allezeit seinen Willen tun? Können wir allezeit seine Gedanken denken?

Oder gibt es Zeiten, in denen Geschäft und Vergnügen oder der Andrang von Gefährten notwendigerweise Gott aus unserem Denken wegschieben müssen? »Das ist doch ganz offensichtlich so. Wenn jemand allezeit nur an Gott denkt, bekommt er ja nichts anderes mehr auf die Reihe.« So dachte auch ich bis jetzt, aber ich ändere meine Ansicht. Wir können durchaus zwei Dinge gleichzeitig im Kopf behalten. Ja sogar nur ein einziges Ding können wir nicht länger als eine halbe Sekunde lang im Kopf behalten. Unser Geist ist etwas Fließendes. Er flimmert. Konzentration ist lediglich das ständige Zurückkehren zu ein und demselben Problem von einer Million verschiedener Gesichtswinkel her. Wir denken nicht nur an Eines. Wir denken immer die Beziehung von zumindest zwei Dingen, und öfter von drei oder mehr Dingen gleichzeitig. Folglich ist mein Problem dieses: Kann ich Gott alle paar Sekunden in meinen Geistesfluss zurückholen, so dass Gott immer in meinem Geist als Nachbild sein kann und immer eines der Elemente in jedem Begriff und jeder Wahrnehmung bleiben kann?

Ich entscheide mich, den Rest meines Lebens zum Experiment zu machen, um diese Frage beantworten zu können.

Jemand könnte sagen, diese Introspektion und dieses Bemühen zum Erlangen des Gottes-Bewusstseins sei abnormal und gefährlich. Aber ich will diese Risiken eingehen, denn jemand muss das in unserer Zeit tun, in der das psychologische Experimentieren für unsere spirituellen Fragestellungen einen frischen Ansatz geliefert hat. Sofern unsere religiösen Prämissen überhaupt stimmen, ist dieses Einssein mit Gott der allernormalste Zustand, in dem man sein kann. Er ist das, was Christus zu Christus gemacht hat. Und er ist auch das, was der heilige Augustinus mit seinem Spruch meinte: »Für dich hast du uns geschaffen, und unsere Seelen sind ruhelose, bis sie Ruhe finden in dir.«

Ich lade niemand anderen ein, mir auf diesem mühsamen Pfad zu folgen. Aber ich wünschte mir, viele täten es. Wir müssen so vieles wissen, was ein einzelner Mensch gar nicht beantworten kann. Zum Beispiel:

»Kann ein schwer arbeitender Mensch den Zustand dieser ständigen Auslieferung an Gott erlangen? Kann ein an einer Maschine arbeitender Mensch den ganzen Tag für alle Menschen beten, den ganzen Tag mit Gott sprechen, und zugleich seine Aufgabe effizient erfüllen?«

»Kann ein Händler seine Geschäfte tätigen, kann eine Buchhalterin ihre Bücher führen und dabei unablässig Gott hingegeben bleiben?«

»Kann eine Mutter Geschirr spülen, sich um ihre Kleinkinder kümmern und dabei unaufhörlich mit Gott im Gespräch sein?«

»Kann ein Politiker in einem Zustand ständigen Kontakts mit Gott bleiben, ohne dabei die Anhängerschaft seiner vielen Wähler zu verlieren?«

»Kann man kleinen Kindern beibringen, den ganzen Tag lang innerlich mit Gott zu sprechen und auf ihn zu hören, und wie wirkt sich das auf sie aus?«

Kurz: Ist das ein Ziel, von dem man sich vorstellen kann, dass das gesamte Menschengeschlecht es sich wünschen würde, es zu erreichen? Meinen wir wirklich, was wir sagen, wenn wir ständig wiederholen: »Das höchste Ziel des Menschen ist es, Gott zu finden und seinen Willen zu tun«, und das die ganze Zeit?

Wenn du wie ich bist, war das für dich an diesem Nachmittag eine ziemlich schwere Kost. Sie könnte sogar entmutigend wirken. Daher will ich hier noch etwas Einfacheres und leichter zur Erreichendes schreiben:

»Jede Stunde jedes Tages lässt sich vielleicht dadurch vollkommen leben, dass man einfach eine Wahl trifft. Es reicht vollkommen, wenn man diese ganze Stunde lang auf Gott blickt, diese ganze Stunde hindurch auf seine Führung wartet und sich alle Mühe gibt, auch die kleinste Verrichtung genau so zu tätigen, wie Gott sich wünscht, dass sie getätigt werde, und das so vollkommen wie möglich. Emotionen sind dazu nicht notwendig. Schon allein der Umstand, dass man Gottes Willen tut, macht die betreffende Stunde ganz und gar zu einer vollkommenen Stunde. Und ich glaube, die Ergebnisse dieser einen vollkommenen Stunde werden als Echo durch die ganze Ewigkeit hallen.«

18. April 1930

Ich habe eine Faszination für die Gemeinsamkeit mit Gott empfunden, die mir alles von Gott Abweichende abstoßend vorkommen lässt. Heute Nachmittag hat mich das Bewusstsein, Gott zu besitzen, mit derart unbändiger Freude überkommen, dass mir war, als hätte ich etwas Derartiges überhaupt noch nie gekannt. Gott war so nah und so wunderbar liebenswürdig, dass ich das Gefühl hatte, vor einem ganz eigenartigen Glücklich- und Zufriedensein ganz und gar zu zerschmelzen. Seit dieser Erfahrung, die mich jetzt mehrmals in der Woche überkommt, stößt mich die Faszination des Schmutzigen regelrecht ab, denn ich weiß um seine Kraft, mich von Gott wegzuziehen. Und nach einer Stunde enger Freundschaft mit Gott fühlt sich meine Seele so rein wie frisch gefallener Schnee.

Überall sind die Menschen wunderschön – oder haben zumindest eine wunderschöne Seite. Vorige Woche sah ich auf dem Schiff von Manila her eine stark geschminkte Frau. Weil sie ganz allein war, sprach ich sie an. Drei Mann vom Schiffspersonal, die in der Nähe waren, amüsierten sich bei der Vorstellung, da bahne sich ein Skandal an. So redete ich laut genug, dass sie verstehen konnten, was ich sagte. Ich erzählte ihr, dass ich Gott suchte. Sie gab so natürlich wie ein Prediger zur Antwort: »Wenn wir nur unsere Augen öffnen, finden wir Gott überall um uns und in uns. Wenn wir Augen für die Schönheit haben, ist die ganze Welt schön, denn die Welt ist voller Gott.« Ich erwiderte ihr: »Danke für diese Aussage! Sie gefällt mir großartig! Warum fahren Sie nach Cebu?« Sie gab mir zur Antwort: »Zu meiner besonderen Vorführung. Wissen Sie, ich tanze vor sieben Spiegeln. Soweit ich weiß, führt das keine andere

Frau auf der Welt in dieser Form vor. Ich reise allein und organisiere meine Engagements allein, denn es ist zu teuer, einen eigenen Agenten zu haben. Ich wurde durch ganz Indien wunderbar behandelt, wunderbar gut!« Mir gefiel es, wie sie dieses Wort aussprach und welche Erinnerungen hinter ihren müden Augen schlummerten. »Und viele Menschen in Manila schrieben mir wunderbare Briefe und baten mich, wiederzukommen. O, die Welt ist voller wunderbarer Menschen, ganz wunderbarer Menschen!« Als die Glocke zum Essen läutete, sagte ich zu ihr: »Ich ziehe durch die Welt und versuche dabei, wunderbare Stunden zu finden, und ich werde mich an diese hier als eine von ihnen immer gern erinnern!«

19. April 1930

Diese bewusste, unablässige Unterwerfung unter Gott hat sich als äußerst schwierig erwiesen; in den letzten paar Tagen habe ich kapituliert. Gestern und heute erlebte ich dann Beweise für das, was dabei herauskommt. Ich machte bei einem Bemühen, witzig zu sein, beißende Aussagen, die die Gefühle anderer verletzten, und ich war kurz und ungeduldig. Mir ist bang, denn ich habe zumindest einem dieser Menschen von diesem Experiment erzählt und er wird denken, dass dies dabei herauskommt. Es ist sehr gefährlich, den Menschen davon zu erzählen, aber trotzdem: Ich muss das tun und ich muss jetzt damit anfangen und es muss mir gelingen. Diese Überzeugung, dass man zu jedem Zeitpunkt immer ganz neu anfangen kann, erweist sich als große Hilfe.

Wenn dieser Bericht vom Ringen einer Seele darum, Gott zu finden, vollständig sein soll, darf ich die Schilderung von Schwierigkeiten und Versagen nicht weglassen. Bislang hatte ich noch keinen besonders großen Erfolg. So war zum Beispiel diese Woche keineswegs eine der schönsten meines Lebens, obwohl sie über dem Durchschnitt lag. Nächste Woche muss ich mich mehr anstrengen. Ich habe etwas angefangen, das jedenfalls in meinem Alter mühsam ist, und zwar mühsamer, als ich vorausgeahnt hatte. Aber ich fasse den Entschluss, mein Bemühen nicht aufzugeben.

Aber Anstrengung scheint nicht gut zu tun. Im Augenblick habe ich das Gefühl, dass etwas in mir »loslässt« – und siehe da, Gott ist gegenwärtig! Das ist ein das Herz zerschmelzendes »Hier-Sein«, ein liebevolles Flüstern des Vaters mit dem Kind. Der Grund dafür, dass mir das bislang nicht zuteil wurde, war der, dass ich nicht loslassen konnte.

Und damals bei diesem Versagen spielte noch etwas anderes mit. Eine Menge Leute waren gekommen, die, wenn sie in einer Gruppe sind, nicht über religiöse Themen sprechen oder nachdenken wollen. Ich fürchte, ich hatte nicht gewollt, dass einige von ihnen mich für besonders religiös halten und deshalb nicht mehr interessant finden könnten.

Die Gemeinschaft mit Gott ist etwas, das man nicht zu verstecken wagen darf, denn sonst erstickt sie zu Tode. Sie ist wie ein zartes kleines Kind oder ein empfindliches Pflänzchen. Man kann sie nur um den Preis haben, dass man sie lange nährt. Dagegen vergeht sie binnen einer Sekunde, sobald das eigene Auge aufhört, sie als etwas »Besonderes«

zu sehen. Gott und zugleich dem Mammon kann man aus dem Grund nicht zugleich huldigen, weil Gott sich entzieht und weg ist, sobald man versucht, neben ihm irgendeiner anderen unwürdigen Zuneigung einen Platz einzuräumen. Dann bleibt das andere Idol da und Gott ist weg. Und das nicht deshalb, weil Gott »ein eifersüchtiger Gott« ist, sondern weil Aufrichtigkeit und Unaufrichtigkeit einander widersprechen und nicht zur gleichen Zeit am gleichen Ort existieren können.

22. April 1930

Das »Experiment« ist interessant, obwohl ich bislang nicht viel Erfolg damit habe. Bislang kommt mir der Gedanke an Gott, so schätze ich, zwei Drittel jedes Tages aus dem Sinn. Heute morgen fing ich wieder ganz frisch an, weil ich im Sonnenaufgang eine reiche Gotteserfahrung fand. Dann versuchte ich, mir beim Rasieren und Anziehen und Verzehren des Frühstücks von ihm die Hand führen zu lassen. Und jetzt versuche ich, mir von Gott meine Hände führen zu lassen, während ich auf die Tasten der Schreibmaschine drücke. Wenn ich das diesen ganzen Vormittag durchhalten könnte, hätte ich heute einen wesentlich höheren Durchschnitt, als ich ihn seit einiger Zeit habe.

Wenn ich mir heute Nachmittag alle die Menschen ansehe, die um mich herum wimmeln, und mir dann vorstelle, wie das von Gott her aussieht, kommt mir das Gefühl, diese gewaltige Zeitspanne, in der er Menschen hervorgebracht hat, werde noch viele weitere Jahrmillionen hindurch andauern. Wir müssen erst noch werden, was die spirituellen Riesen schon waren, und noch mehr, als viele von ihnen waren. Auf diesem Gebiet begünstigt die Selektion diejenigen, die sich weit offen und hellwach für Gott halten. Unsere Möglichkeiten sind vielleicht nicht grenzenlos, aber sie übersteigen zumindest unendlich unser derzeitiges Vorstellungsvermögen.

Es gibt nichts, was wir tun können, als uns offen Gott entgegenzuwerfen. Es gibt in ihm und muss in ihm unendlich mehr geben, als er uns geben kann, weil wir so verschlafen sind und weil unser Fassungsvermögen so erbärmlich klein ist. Es müsste ungemein hilfreich sein, wenn man es schaffen würde, die Gewohnheit zu erwerben, sich energisch auf Gottes Gedanken hin auszurichten und ihn zu fragen: »Gott, was willst du mir jetzt in den Kopf setzen, sofern ich nur weit genug bin?« Diese erwartungsvolle, wissbegierige Einstellung sollte Gott die Chance geben, die er braucht. Ich komme jeden Tag neu darauf, dass die beste der fünf oder sechs Weisen, auf die ich versuche, in Kontakt mit Gott zu bleiben, darin besteht, auf seine Gedanken zu warten und ihn zu bitten, zu mir zu sprechen.

14. Mai 1930

O, dieses Unternehmen, in ständiger Berührung mit Gott zu bleiben und ihn zum Gegenstand meines Denkens und zum Gefährten meiner Gespräche zu machen, ist das Erstaunlichste, dem ich je begegnet bin. Es funktioniert. Ich bringe es nicht einmal den halben Tag lang fertig – noch nicht, aber ich glaube, dass ich soweit komme, es einmal den ganzen Tag zu schaffen. Jetzt liebe ich Gottes Gegenwart so sehr, dass, wenn er mir eine halbe Stunde lang oder so aus dem Sinn gleitet – wie er das täglich oftmals tut – ich das Gefühl habe, als hätte ich ihn im Stich gelassen und etwas sehr Kostbares aus meinem Leben verloren.

24. Mai 1930

Das war eine Woche der Wunder. Gott ist überall am Werk und bereitet den Weg für sein Werk in Lanao. Ich werde dir gleich einige der derzeitigen Wunder erzählen. Aber jetzt musst du erst einmal einiges über diesen gesegneten Abend erfahren. Der Tag war reichhaltig, aber anstrengend gewesen, und so ging ich nach »Signal Hill« hinauf in mein Haus zurück und sprach den ganzen Weg hinauf mit Gott und hörte auf ihn, diese ganze wunderbare halbe Stunde bis nach oben. Und Gott sprach seinerseits! Ich ließ meiner Zunge freien Lauf und sie formulierte poetische Worte, die viel schöner waren als alle, die ich je selbst gedichtet hatte. Das floss eine halbe Stunde lang pausenlos und ohne dass eine einzige Silbe fehlte. Ich hörte staunend und voller Freude und Dankbarkeit zu. Ich hätte mir ein Diktiergerät gewünscht, denn ich wusste, dass ich mir den Wortlaut nicht würde merken können – und jetzt weiß ich ihn auch tatsächlich nicht mehr. Da könnte jemand fragen: »Warum hat Gott seine Poesie ganz allein an dich vergeudet, wo du sie doch nicht heimtragen konntest?« Du wirst diese Frage Gott stellen müssen. Ich weiß nur, dass er es tat. Die Erinnerung daran macht mich glücklich.

Unter mir lagen die Reisfelder, und als ich über sie hinsah, hörte ich meine Zunge laut sprechen: »Kind, genau wie der Reis tagtäglich den Sonnenschein braucht und nicht wachsen könnte, wenn er nur einmal in der Woche oder nur eine Stunde täglich Sonne hätte, so brauchst auch du mich jeden Tag den ganzen Tag. Überall auf der Welt verkümmern Menschen, weil sie nur selten für Gott offen sind. Von allen wachen Minuten ist keine zuviel.«

Vor einigen Monaten versuchte ich ein Kapitel darüber zu schreiben, »wie man Gott entdeckt«. Nachdem ich ihn jetzt entdeckt habe, finde ich, dass das eine fortwährende Entdeckung ist. Jeder Tag ist reich an neuen Aspekten seines Wesens und seines Wirkens. Genau wie man neue Entdeckungen bezüglich seiner Freunde macht, indem man mit ihnen beisammen ist, so entdeckt man auch die »Individualität« Gottes, wenn man sich ständig mit ihm unterhält. Eines habe ich diese Woche gesehen: Gott liebt die Schönheit. Alles, was er macht, ist wunderschön: die Wolken, der dahin strömende Fluss, der See mit seinen Wellen, der am Himmel kreisende Adler, der schlanke Grashalm, das Flüstern des Windes, der flatternde Schmetterling, dieses anmutige, durchsichtige, namenlose Kind des Sees, das eine Stunde lang an meinem Fenster haftet und dann für immer verschwindet. Wunderbare Werke Gottes! Und ich weiß, dass er mein Gedankenleben wunderschön macht, wenn ich den ganzen Tag für ihn offen bin. Wenn ich diese Gedanken-Fenster aufreiße und sage: »Gott, an was sollen wir jetzt miteinander denken?«, so antwortet er mir immer mit irgendeinem anmutigen, zärtlichen Traum. Und ich weiß, dass Gott liebeshungrig ist, denn er weist mich ständig auf irgendeine stumpfe, tote Seele hin, die er nie erreicht hat, und drängt mich wehmütig, ihm zu helfen, diesen stumpfen, fest verschlossenen Geist zu erreichen. O Gott, wie sehne ich mich danach, dir bei diesen Moros zu helfen! Und bei diesen Amerikanern! Und bei diesen Filipinos! Tagtäglich sehe ich aus hungrigen Augen traurig dreinblickende für Gott tote Seelen. Ich möchte sie an meiner Entdeckung teilhaben lassen! Sie sollen wissen, dass jede Minute das Paradies sein kann, dass jeder Ort der Himmel sein kann! Dass jeder Mensch Gott haben kann! Dass jeder Mensch Gott schon hat, nämlich von dem Augenblick an, in dem er zu Gott spricht oder auf ihn horcht!

Wenn ich mich selbst analysiere, stelle ich fest, dass mir als Ergebnis dieses zweimonatigen angestrengten Bemühens darum, Gott jede Minute im Kopf zu behalten, einige verschiedene Dinge widerfahren sind. Diese Konzentration auf Gott ist anstrengend, aber alles andere hat aufgehört, anstrengend zu sein. Mein Denken ist klarer, ich vergesse weniger oft etwas. Dinge, die ich zuvor mit etlicher Anspannung verrichtet hatte, gehen mir jetzt leicht und ohne große Anstrengung von der Hand. Ich mache mir um nichts Sorgen und verliere keinen Schlaf. Einen guten Teil der Zeit gehe ich leichtfüßig dahin. Sogar der Spiegel zeigt ein neues

Licht in meinen Augen und meinem Gesicht. Ich fühle mich in nichts mehr gehetzt. Alles läuft richtig. Ich stelle mich jeder Minute so ruhig, als wäre sie nicht so wichtig. Nichts kann schief gehen außer dem einen: dass, falls ich nicht gut aufpasse, Gott mir aus dem Kopf kommen könnte. Er ist da, das Universum ist bei mir. Meine Aufgabe ist einfach und klar.

Und ich werde zum Zeugen dessen, wie die Welt reagiert. Nehmen wir zur Veranschaulichung Lanao und die Moros. Ihre Reaktion auf mich ist für mich eine ständige Quelle des Staunens. Ich tue nichts für mich Erkennbares, als dass ich für sie bete und mich unter ihnen bewege und dabei an Gott denke. Sie wissen, dass ich Protestant bin; und trotzdem haben zwei der führenden Moslem-Priester überall in der Provinz herumerzählt, dass ich den Leute helfe, Gott zu erkennen.

1. Juni 1930

Innerlich war das eine sehr unausgeglichene Woche. Insgesamt war mein Abschluss des Experiments für den Großteil der Woche ein Versagen. Meine physische Verfassung und zu viele Zerstreuungen haben sich als zu viel für mich erwiesen und während eines Fünftels oder vielleicht eines Zehntels der Zeit war Gott nicht im Mittelpunkt meines Denkens. Aber heute war ein wunderbarer Tag und auch der gestrige Tag war zum Teil wunderbar. Diese Woche mit ihren Versagern und Erfolgen hat mich eine neue Lektion gelehrt. Sie lautet: »Ich muss über Gott sprechen, sonst kann ich ihn nicht im Kopf behalten. Um ihn haben zu können, muss ich ihn hergeben.« Das ist das Gesetz der Geisteswelt: Man hat, was man hergibt. Was man für sich behält, verliert man.

Bist du der Ansicht, dass die ganze Ewigkeit hindurch der Preis, den wir dafür bezahlen müssen, Gott zu behalten, der sein wird, dass wir ihn endlos werden hergeben müssen?

3. Juni 1930

Dieses Experiment, das ich versuche, ist die anstrengendste Disziplin, der sich irgendein Mensch je gewidmet hat. Es gelingt mir nicht, Gott sehr viele Stunden des Tages lang im Kopf zu behalten. Aus der Sicht von Experiment Nummer eins muss ich von einem ziemlich hohen Prozentsatz von Fehlschlägen berichten. Aber das andere Experiment – was passiert, wenn ich tatsächlich Erfolg habe – ist dermaßen erfolgreich, dass es die Fehlschläge von Nummer eins wieder wettmacht. Gott bewirkt tatsächlich eine Veränderung. In dem Augenblick, in dem ich mich ihm zuwende, ist es, als schaltete ich einen elektrischen Strom ein, der mein ganzes Wesen durchströmt. Ich stelle zudem fest, dass das Bemühen, Gott im Kopf zu behalten, etwas mit meinem Kopf tut, was jeder Kopf für sein Wohlergehen braucht. Mir wird etwas genügend Schwieriges geschenkt, das meinen Geist hellwach hält. Die ständige Versuchung jedes Menschen ist es ja, seinen Geist alt werden und seine Wachheit verlieren zu lassen. Ich habe das Gefühl, dass ich wahrscheinlich mental fauler als der Durchschnittsmensch bin und genau die mentale Disziplin brauche, die dieses ständige Bemühen erfordert.

Somit wäre meine Antwort auf meine derzeitigen zwei Fragen:

1. »Lässt sich das immer tun?« Kaum.
2. »Hilft dieses Bemühen wirklich?« Gewaltig. Nichts von dem, worauf ich je gekommen bin, erweist sich als so gutes Elixier für Geist und Körper.

Baust du dir selbst sakrale Paläste? Ich wollte »Plätze« schreiben, um sicher zu gehen, aber ich denke, ich lasse das Wort »Paläste«, denn dazu wird jedes Haus, wenn es sakral wird. Die wichtigste Entdeckung meines Lebens ist, dass man eine rohe kleine Hütte hernehmen und sie in einen Palast verwandeln kann, indem man sie einfach mit Gedanken an Gott überflutet. Wenn man viele Monate in einem kleinen Haus wie diesem hier mit täglichen Gedanken an Gott verbracht hat, weckt bereits sein Anblick, wenn man auf es zukommt, Assoziationen, die das Herz höher schlagen lassen und den Geist in Schwung bringen. Ich bin an den Punkt gekommen, an dem ich mein Haus haben muss, um die besten Briefe schreiben oder die reichhaltigsten Gedanken entwickeln zu können.

In diesem Sinn baut sich also ein Mensch nach dem anderen seinen eigenen Himmel oder seine eigene Hölle. Dabei ist es ganz gleich, wo man ist. Man kann überall unverzüglich anfangen, den Himmel zu bauen, nämlich mittels der Gedanken, die man während seines Aufenthalts an diesem Platz entwickelt ... So bin ich auf das Geheimnis des Himmel-Bauens gekommen – wo immer ich bin.

Heute morgen las ich eine Zeit lang über die gewaltige Hingabe, mit der die Naturwissenschaftler die feinsten Details über die Sonne untersuchen, und zwar beim Bemühen, genauer das Wetter voraussagen und ihre Kraft besser nutzen zu können. Dabei kam mir das Gefühl, dass ich mich noch nicht mit der Rückhaltlosigkeit des erfolgreichen Naturwissenschaftlers in den Schmelztiegel meines Experiments geworfen habe. Wir haben den Spruch gehört: »Alle Fehlschläge des Menschen liegen in ihm selbst.« Und ich gestehe bereitwillig, dass ich mich noch nicht »bis aufs Blut« in diese Schlacht gestürzt habe. Was ich zu beweisen versuche, ist, dass dies jeder Mensch unter allen Umständen fertig bringen kann; aber ich habe es noch nicht bewiesen. Was ich allerdings sehe, ist, welche unglaublich hohe Leistung Jesus vollbracht hat.

In diesem Augenblick überkommt mich eine große, einsame Sehnsucht nach jemandem, der die gleichen langen, langen Kanäle der Hoffnung und des Strebens und der Verzweiflung und des Scheiterns hinter sich hat und mit dem ich heute Abend sprechen könnte. Aber es gibt keinen solchen Menschen. Wenn wir älter werden, laufen alle unsere Wege auseinander, und ich vermute, auf der ganzen Welt könnte ich niemanden finden, der mich voll und ganz verstehen könnte außer Gott – und auch du kannst das nicht! O Gott, welche Nähe bringt das für dich und mich, diese

Wahrnehmung, dass allein du mich verstehen kannst, denn einzig du weißt alles! Du bist kein Fremder mehr, Gott! Du bist das einzige Wesen im Universum, das nicht teilweise ein Fremder ist! Ich lade andere Menschen herein, aber sie können nicht den ganzen Weg herkommen. Du bist die ganze Zeit in mir – hier – und sooft ich dich vergesse und hinausschiebe, bist du versessen darauf, wieder hereinzukommen! O Gott, ich möchte heute Abend und morgen ringen wie noch nie zuvor, um dich kein einziges Mal zu entlassen. Denn wenn ich dich eine Stunde lang verliere, verliere ich und verliert die Welt mehr, als wir wissen können. Das, was du vollbringen möchtest, kann nur zustande kommen, wenn du die ganze Zeit freien Zutritt und freie Hand hast.

15. Juni 1930

Ich gehe draußen auf der Straße voller Moros, und falls meine Seele so voll von Gott ist, wie sie es zuweilen ist, sehe ich, was vor sich geht, wenn ich ihnen in die Augen blicke und für sie bete. Niemand braucht zu versuchen, mir einzureden, dass Gott sie nicht erreiche, denn ich sehe, dass das passiert, und jetzt weiß ich, dass jeder Mensch, dem wir jemals begegnen, Gottes Möglichkeit ist, falls, ja falls nur wir nicht einen solchen Großteil der Zeit gegen Gott abgeschottet wären.

Der letzte Montag war für mich der bislang rundum erfolgreichste Tag meines Lebens, was die vollkommene und ständige Auslieferung an Gott angeht – obwohl ich auf noch weit bessere Tage hoffe. Ich entsinne mich auch daran, wie ich Menschen mit einer Liebe anblickte, die Gott mir eingab, und sie dann zurückblickten und sich so verhielten, als wollten sie mit mir gehen. Da hatte ich dann das Gefühl, dass ich einen Tag lang etwas von dieser wunderbaren Anziehungskraft erlebte, die Jesus ausübte, wenn er Tag für Tag auf der Straße unterwegs war, »Gott-trunken« und strahlend von der ständigen Gemeinschaft seiner Seele mit Gott.

22. Juni 1930

Ich bin gerade von einem einsamen Spaziergang zurückgekehrt, einem so wunderbaren Spaziergang, dass ich das Gefühl hatte, es müsste die allgemeine Regel sein, dass alle Menschen jeden Abend ganz allein einen Spaziergang machen sollten, bei dem sie laut reden könnten, ohne von jemandem gehört zu werden, und dass sie alle während dieses Spaziergangs mit Gott reden und es zulassen sollten, dass er ihre Zunge zum Antwortreden gebraucht – und sie Gott den Großteil des Redens überlassen.

Denn das scheint mir genau das zu sein, was ich gefühlsmäßig alle diese Wochen hindurch gesucht habe. Du hast mein Experiment mitverfolgt und dir viele Bekenntnisse täglichen Scheiterns angehört, als ich versuchte, Gott in der zweiten Person im Kopf zu behalten. Heute aber erlebte ich kein Scheitern. Der Gedanke an Gott ist gelegentlich versunken, aber nie lange. Aber dieser Tag war anders als alle anderen Tage meines Lebens, denn ich habe nicht in dem Sinn zu beten versucht, dass ich mit Gott geredet hätte, sondern ich habe Gott das Reden mit meiner Zunge überlassen oder, wenn meine Zunge schwieg, in meinem inneren Leben. Das war so einfach, wie man eine Schwingtür öffnet und schließt. Und es gelang ohne die übliche Anstrengung, so dass der ganze Tag wunderschön damit verlief, dass Gott mir wunderbare Dinge sagte.

2. Juli 1930

Das neueste und derzeit faszinierendste Experiment ist, dass ich Gott mittels meiner eigenen Zunge und meine Finger auf der Schreibmaschine sprechen lasse. Ich habe meine Zunge hinter meinem Haus auf Signal Hill sprechen lassen, bin dann heimgegangen und habe mit der Schreibmaschine alles festgehalten, an was ich mich davon erinnern konnte. Hier ein Beispiel: »Ich spreche zu dir nicht nur durch deine Zunge, sondern durch alles, was du in der Natur siehst: durch die Schönheit dieses Sonnenuntergangs, durch den kleinen Moro, der neben dir steht, ohne zu verstehen, was du sagst, und der sich wundert, auf was in den Wolken du blickst. Wenn ich zuweilen nicht mit Worten zu dir spreche, dann deshalb, weil die dich rings umgebende Wirklichkeit größer ist als die unvollkommenen Symbole für die Dinge, die du in Form der Wörter hast. Es ist für deine Zunge nicht notwendig, dass sie spricht, und nicht einmal irgendwelche genauen Gedanken müssen deinen Geist erleuchten, denn ich selbst bin unendlich wichtiger für dich als alles, was ich dir geben kann – sogar wichtiger als die brillantesten Gedanken. Wenn dir also Gedanken kommen, dann heiße sie willkommen, aber wenn sie nicht frei fließen, dann lehne dich einfach zurück und liebe und gönne mir damit die gemeinsame Freude, von dir geliebt zu werden. Denn auch ich habe von meiner Natur aus einen unersättlichen Hunger nach der Liebe von euch allen, genau wie deine Liebe in deinen besten Augenblicken auf alle Menschen in deiner Umgebung ausgreift. So, mein Kind, bin auch ich, sogar ich, Gott, mehr auf Liebe und Freundschaft aus, als dass ich mir kriecherische Untertanen wünsche. Wenn wir also einander lieben, Kind, versetzt das mich in genauso freudige Erregung wie dich.«

Ich habe in diesem Brief geschrieben, was meine Zunge sprach, als ich ihr zum Sprechen freien Lauf ließ, nicht weil ich etwas von dem Obigen als etwas Prophetisches vorstellen möchte, sondern einfach nur, weil ich meine, es könnte für Menschen hilfreich sein, die von ihrem eigenen Kontakt mit Gott enttäuscht sind und dies als hilfreiche Praxis empfinden könnten, um mit Gott lebendigen Kontakt zu knüpfen. Ich finde dies Tag für Tag sehr hilfreich auf kleine vertraute Weisen, die für andere keinen Wert hätten.

Dabei bin ich mir durchaus der Möglichkeit der Kritik bewusst, weil das »Mystik« sei – so als könnte ein Mensch an Jesus glauben, ohne auch an »Mystik« zu glauben! – oder weil viele Menschen denken, die Zeiten des direkten Kontakts mit Gott oder zumindest der Worte von Gott hätten mit dem Abschluss des Neuen Testaments aufgehört. Aber in was für einer engstirnigen Welt würden wir leben, wenn aus lauter Angst vor Kritik niemand mehr irgendetwas Besonderes täte!

9. Juli 1930

Noch nie habe ich derart das Bedürfnis nach einer lautlosen Schreibmaschine empfunden wie in diesem Augenblick, denn jeder Tastendruck auf sie stößt sich an diesem Abend mit dem wunderbaren Schweigen der Hügel. In meinem ganzen Leben habe ich noch nie eine so wunderschöne Ansicht gesehen wie die von Lanao heute Abend ... Ich vermute, es hat schon seit der Erschaffung der Welt viele genauso schöne Anblicke gegeben, aber für mich jedenfalls gab es noch keinen schöneren. Denn dieser hier spiegelt auf angemessene Weise die Leidenschaft meiner Liebe zu den Menschen von Lanao, wenn ich vom Hügel herab blicke und bete.

Als ich das aussprach und die Süße des herrlichen Lichts kostete und Gott sagte, dass dies für mich das Meisterstück seiner Schöpfung sei, erwiderte er mir mittels meiner eigenen Stimme: »Ach Kind, das ist nur das Symbol der

Schönheiten und Wunder, die ich dir zu schenken vorhabe, wenn du willens und bereit bist. Ich muss sie dir geben und werde sie dir geben, sofern du nur deinen spirituellen Hügel erklimmst und die Augen deiner Seele aufreißt und hinsiehst. Das kann deinem ganzen Leben beschieden sein, wenn du dazu willens bist. Ich brenne vor Sehnsucht, die arme kleine Menschen nicht einmal vermuten können, euch allen immer weitere und noch weitere Universen der Herrlichkeit zu eröffnen.«

Würde man mich fragen, was bei meiner Begegnung mit diesen Moros meine größte Schwierigkeit sei, müsste ich zur Antwort geben: »Ich habe keine größere Schwierigkeit mit ihnen außer der, spirituell bereit zu bleiben.« Und ich frage mich, ob das nicht überall die einzige ernsthafte Schwierigkeit ist. Dieses Jahr bin ich bereiter, als ich es jemals zuvor war, und vielleicht ist das der Grund, weshalb mir auch die Menschen bereiter vorkommen.

21. August 1930

In zwei Wochen werde ich sechsundvierzig. Ich habe nicht mehr das Gefühl, mein ganzes Leben vor mir zu haben, wie ich es noch vor wenigen Jahren hatte. Einen guten Teil davon habe ich hinter mir – und es ist eine jämmerlich armselige Vergangenheit, die so weit unterhalb von dem liegt, was ich mir erträumt hatte, dass ich gar nicht daran zu denken wage. Ich wage auch nicht viel an die Zukunft zu denken. Diese Gegenwart, sofern sie von Gott erfüllt ist, ist die einzige Zuflucht, die ich vor der vergiftenden Enttäuschung und sogar fast einer Rebellion gegen Gott habe. Ich habe hier das Buch von Reinhold Niebuhr vor mir, eines Menschen, der wunderbare Gedanken so mühelos auszugießen scheint, wie unsereiner Kaffee ausschenkt. Warum kann nicht der Rest der Welt – natürlich einschließlich meiner selbst – genauso begabt sein wie er? Und so viele der Menschen hier und überall scheinen sogar ein noch stärker verkümmertes Leben und hoffnungslosere Köpfe als ich zu haben. Ich habe heute Nachmittag versucht, einem Jungen das Lesen beizubringen, aber sein Kopf scheint ein Fassungsvermögen zu haben wie ein Moskitonetz für fließendes Wasser. Er konnte nicht einmal »i« aussprechen, ohne »a« zu vergessen. Was für eine Tragödie ist es, in der Welt zu leben, in der er lebt! Ich empfand für diesen Jungen eine herzliche Liebe und er spürte das, denn mit tränenfeuchten Augen erzählte er mir, er habe weder Vater noch Mutter. Wenn man sich das Leben von außen ansieht, wirkt das zuweilen so, als sehe man nur Wracks, und sieht man es sich von innen an, sind auch da nur Wracks! O Gott, welchen Sinn hat all diese Zerbrochenheit?

Ich saß nach diesem Satz längere Zeit still auf meine Schreibmaschine gelehnt, denn eine Stimme begann zu mir zu sprechen. »Diese Zerbrochenheiten sind die Geburtsschmerzen der Liebe.« Und als ich am liebsten den Arm um diesen schmutzigen, schielenden Moro mit seinem stumpfen Gehirn gelegt hätte, war das ein Beweis dafür …

Wenn ich so Tag für Tag in diesem alten Gebäude hier sitze und mir geduldig die Mühe gebe, einem Mann oder Jungen das Alphabet beizubringen und ihm so die Möglichkeit zu einer Weitung seiner Welt zu eröffnen, frage ich mich oft, ob diese Arbeit einem Mann meines Alters zuträglich ist. Aber wenn mir dann dieser Mann vor mir mit den Fingern zärtlich durchs Haar streicht, mich liebevoll ansieht und »Mapia bapa« sagt – »guter Onkel« –, dann weiß ich, dass ein winziges Stück Liebe geschaffen ist. Wenn dieses ganze Universum den verzweifelten Versuch der Liebe darstellt, sich zu verkörpern, dann sind »wichtige Pflichten«, die uns davon abhalten, schwachen Menschen zu helfen, keine Pflichten, sondern Sünden – oder versuche ich die ganze Zeit, mein eigenes Versagen zu rechtfertigen?

Heimgekommen von einer wunderbaren Stunde mit Gott im Sonnenuntergang. O diese Farben, diese gewaltigen Wolkentürme, diese dunstigen Mysterien, diese lautlosen Veränderungen quer über den Himmel! Man müsste sich selbst ganz und gar vergessen und das Universum voll und ganz genießen können – aber manche von uns sind zu selbstbezogen, um sich selber aus dem Bild herauszuhalten. Wir sind Tiefseefische. Es soll tief im Ozean Fische geben, die unter solchem Druck stehen, dass sie es nicht wagen, in die Nähe der Oberfläche zu kommen, weil sie sonst verenden würden. Wir sind genau wie diese Art Fische, denn wir wagen es nicht, weit oberhalb des Bodens des Atmosphären-Ozeans zu gehen, oder wir sterben. Wir sind keine Fische; wir sind Würmer auf dem Boden, denn wir können nicht einmal in unserem Ozean schwimmen! Und wir sind mental genauso klein wie physisch und sind wie an den Boden gekettet. Arme Würmer! Und ich vermute, dieses Selbstmitleid auf der Seite hier ist eine großartige Illustration unserer Kleinheit. Wenn mir danach ist, Gott Vorwürfe zu machen, dann lege ich in diesem Augenblick die wahre Hässlichkeit meiner Ichbezogenheit an den Tag –

denn ich weiß durchaus, dass ich an all den unzähligen Geschöpfen unterhalb des Menschen nicht herummeckern sollte, und auch nicht an den unzähligen Geschöpfen, die kaum Mensch sind, und an den Geschöpfen, die von anderen selbstsüchtigen Geschöpfen wie mir ihres Menschseins beraubt werden. Wenn ich alles hätte, was ich wollte, sollte ich nicht wegen ihrer aller Gott Vorwürfe machen.

Hier ließ ich mich auf das großartigste Tun alles menschlichen und den Menschen übersteigenden Lebens ein: Ich trat in Kommunikation mit dem Gott des Universums selbst. Er zeigt mir sein innerstes Herz; selbst die Engel können nicht mehr als das tun. Ich vergaß, dass der Umstand, wie ein Tintenfisch an den Boden eines Ozeans hinabgedrückt und in der gleichen Lage wie ein Tintenfisch zu sein, überhaupt nichts ausmacht. Ein Gefängnis oder Kerker macht nichts aus, wenn man bei Gott ist. Wir predigen und bekennen, dass das stimmt, und es stimmt tatsächlich, aber ich muss sagen, dass ich nicht viele Menschen sehe, die diese Erfahrung anscheinend gemacht haben. Ich bin genau wie diese Moro-Frauen und -Kinder. Sie sagen: »Bapa, kann ich das haben?« Wenn ich »Ja« sage, vergessen sie, es zu nehmen, aber wenn ich »Nein« sage, betteln sie mich weiter darum an.

2. September 1930

Tip und ich und Gott waren heute Abend gemeinsam auf Signal Hill. O Gott, hilf mir die Herrlichkeit aufs Papier zu bringen, die dort anwesend war. Der Sonnenuntergang war nicht schöner als zu anderen Zeiten, aber Gott sagte mir mit ihm mehr als sonst. Ich vermute, das lag daran, dass ich versuchte, aus diesem ersten Tag meines sechsundvierzigsten Lebensjahrs einen besonderen Höhepunkt zu machen. Und das, so vermute ich, ist der Grund dafür, dass wir alle manche Tage als Höhepunkte und manche als Tiefpunkte erleben. Gott wartet immer auf die Gelegenheit, uns Tage mit Höhepunkten zu schenken. Aber wir sind so selten mit echtem Ernst bereit, ihm die Gelegenheit dazu zu geben.

Doch das Bemühen, dieses kolossale Erlebnis in Worte zu fassen, stürzt mich in Verzweiflung. Man kann es schlecht formulieren; lässt es sich wenigstens andeuten? Da waren schwarze Wolken, die purpurrot und hellgelb wurden. Jetzt schießen diese schwarzen Wolken ihre feurigen Zungen durch die Finsternis.

Weit draußen mitten im See reichte eine lange, vollkommene Wasserhose wie eine kolossale Säule von den Wolken bis ins spritzende Wasser. Das war die erste vollkommene Wasserhose, die ich vom See bis zum Himmel reichen sah. Diese schwarzen, zornigen Wolken über meinem Kopf verwandelten sich dank der verborgenen Sonne in glorreiches Gold. Aber nicht das war es, was diesen Abend wundervoll machte. Gott sprach.

Ich tätschelte Tips Kopf, als er sich unter meinen Arm kuschelte, und sagte zu ihm: »Wir sind mitten in diesem schreckenerregenden Universum wie zwei kleine Insekten. Ich weiß ein bisschen mehr als du, lieber schwarzer Hund, aber nicht viel mehr. Im Vergleich mit dem gigantischen Wesen, das diese atemberaubenden Feuersphären über den Himmel rollt, bin ich genau wie du nahezu nichts. Ich weiß so wenig von Gott, wie du von mir weißt, ja vielleicht zehntausendmal weniger. Und vielleicht bist du weiser als ich, denn dir reicht es, wenn man dir den Kopf tätschelt und Flöhe fängt, während ich ungeduldig danach begehre, ins Universum hinein aufzubrechen. Tip, als ich jünger war, dachte ich, Kant habe Unrecht mit seiner Aussage, die drei größten moralischen Ansprüche seien Gott, Freiheit und Unsterblichkeit, aber jetzt glaube ich, dass er unglaublich Recht hatte. Mit sechsundvierzig verlangt meine Seele so sehr nach Unsterblichkeit, wie sie nach Gott verlangt. Und sie verlangt Freiheit von diesem Gefängnis, das wir die Welt und das Fleisch nennen, genau wie sie Unsterblichkeit verlangt.«

Da kam aus dem Himmel eine lautlose Stimme: »Deine schwarzen Wolken geben der Sonne ihre Chance. Was das Leben so reich macht, ist die Überraschung, das Entkommen aus der Finsternis ins Licht. Dein Gefängnis ist zugleich auch dein Farbenkasten, aus dem alle dir bekannte Schönheit quillt. Lanao, wo du jetzt sitzt, ist eine der schönsten Schöpfungen im ganzen räumlichen Bereich. Und hier hast du das Privileg, deine Augen offen zu halten und die Schönheit zu sehen, die sie sonst nicht sehen würden. Es ist selbstsüchtig von dir, zu wünschen, du könntest davonlaufen, noch ehe du die Menschheit mit dir nehmen kannst. Du bist nicht Christus gleich, solange du dir nicht wünschst, dass sogar noch nach deinem Tod deine Seele dableiben und anderen helfen soll, ins größere Leben durchzustoßen. Ich fürchte fast, dass meine nächtlichen Visionen, so gern ich sie dir gebe, dich selbstsüchtiger machen, noch hungriger darauf, mehr zu bekommen und weniger darauf aus, stattdessen zu geben. Für dich ist das Schönste auf der Welt das sich zu deinen Füßen um diesen See hier hinstreckende Lanao, denn es enthält die Schönheit unendlichen Bedürfens. Du musst dort den Hunger wecken, denn solange sie nicht hungern, können sie auch nicht genährt werden.«

O, heute Abend hungere ich so sehr danach, erzählen zu können, was sonst noch geschah. Aber alles dieses andere war ganz Emotion, ein schmerzlich süßes Recken der Arme in Richtung Himmel, um zu empfangen und in Richtung Lanao, um zu geben.

21. September 1930

Unsere Suche nach Gott durch schmale Meerengen hindurch hat uns in eine plötzliche Offenbarung geführt, so wie ein Forscher plötzlich auf ein grenzenloses Meer hinausgekommen ist. Das ist nicht irgendeine bestimmte neue Idee, sondern ein neues Gefühl, das sich fast von selbst einstellte. Heute scheint mir Gott fast hinter allem zu sein. Ich fühle ihn, wie er da ist. Er ist direkt unter meiner Hand, direkt unter der Schreibmaschine, direkt hinter diesem Schreibtisch, direkt in der Kartei, direkt in der Kamera.

In einem der Moro-Märchen stehen hinter jedem Felsen Feen, die den Helden beobachten. So fühle ich mich heute in Bezug auf Gott. Natürlich ist das nur eine Art und Weise, symbolisch die Wahrheit zum Ausdruck zu bringen, dass Gott unsichtbar und zugleich überall ist. Ich kann mir nicht vorstellen, wie man den Unsichtbaren sehen könnte, aber ich kann mir vorstellen, dass Gott sich hinter allem versteckt, das mir in die Augen kommt.

Für einen einsamen Menschen hat es etwas unendlich Heimeliges und Trostreiches an sich, Gott so nah zu spüren, so allüberall! Wohin man sich auch wendet, ist man nie von der Freundschaft mit Gott abgewandt, denn von überall her lächelt einem Gott zu.

Es fällt schwer, jemand anderem die Freude zu vermitteln, in die neue See der Wahrnehmung von Gottes »Hiersein« vorgestoßen zu sein. Diesen Morgen war unser Thema »Jesu Sicht des Gebets«. Es erschien als so wunderbar wahr, dass gerade das Privileg der Verbundenheit mit Gott unendlich mehr ist als jedes Etwas, das Gott einem geben könnte. Wenn er sich selbst gibt, gibt er mehr als alles andere im Universum.

22. September 1930

Wir müssen uns mit den Wundern der Regenbogen und Sonnenuntergänge sättigen, um sie dann ausstrahlen zu können. Es ist genauso sehr unsere Pflicht, auf irgendeinem Berg der Verklärung in der Schönheit der Gegenwart Gottes zu leben, bis wir mit Christus weiß werden, wie wir die Pflicht haben, dorthin hinabzusteigen, wo unsere Mitmenschen sich plagen, sich winden und stöhnen, um sie ins neue Leben hinaufzuheben. Schließlich lautet die tiefste Wahrheit, dass das Christus gleichförmige Leben glorreich ist, unbesiegbar glorreich. Da gibt es keine Niederlage, es sei denn, man verliere Gott, und dann wird alles zur Niederlage, selbst wenn es in Burgen verwahrt und in Vermögen begraben sein mag.

7. Oktober 1930

Es ist dieser Geist der Habgier, von dem Jesus sagte, dass Gott ihn mehr als alles andere hasse. Er steht in so diametralem Gegensatz zum Geist Gottes. Denn Gott schüttet für immer seine Geschenke in Fülle über Gute wie Böse aus und findet seine ganze Freude darin, endlos zu geben.

Du siehst, ich sorge mich zutiefst um uns alle. Mit Ausnahme von Jesus sind wir alle insgesamt so verachtenswert. Ich verstehe gar nicht, wie Gott uns überhaupt verkraften kann. Aber Gott ist wie Jesus und er gibt nicht auf, bis auch wir wie Jesus sind.

12. Oktober 1930

Wie sehr ich mir wünsche, wünsche, wünsche, dass ein Dutzend oder mehr Menschen, die das Experiment anstellen, Gott unablässig im Kopf zu behalten, ihre Erfahrungen alle aufschreiben würden, so dass jeder wissen könnte, zu welchem Ergebnis die anderen kommen! Ich denke, diese Ergebnisse würden die Welt verblüffen. Jedenfalls sind die Ergebnisse meines eigenen Bemühens für mich verblüffend.

Die Sorgen sind verblasst wie hässliche Wolken und meine Seele ruht im Sonnenschein ständigen Friedens. Ich kann mich überall in diesem Universum niederlegen und mich rundum im Geist meines Vaters baden. Das gesamte Universum ist mir jetzt so heimelig geworden! Ich weiß darüber nur wenig mehr als zuvor, aber dieses Wenige ist alles! Es vibriert von der elektrisierenden Ekstase Gottes! Ich weiß, was es heißt, »von Gott trunken« zu sein.

Wie schön ist es, dass diese Moro-Jungen kommen und sich einem ans Knie lehnen oder einem mit den Fingern durchs Haar fahren – oder an den kahlen Stellen reiben und fragen, warum die kahl sind! Sie wissen, dass wir sie lieben, aber sie nehmen nicht wahr, welche Kluft – zumindest historisch – uns trennt. Wären sie so zärtlich, wenn sie es wüssten? Wenn sie alles wüssten; wenn sie von der Liebe Gottes mit ihrer ganzen wunderbaren Glut wüssten, wären sie es!

Da kommt mir, dass wir vor weniger als einem Jahr schrieben, das hier sei »der schwierigste Platz unter der amerikanischen Flagge, wenn nicht in der Welt!«

Nein, der schwierigste Platz in der Welt ist New York City, denn in New York verlangen sie Leistungsfähigkeit, ungewöhnliche Leistungsfähigkeit, während sie hier in

Lanao nur Liebe verlangen – ungewöhnliche Liebe. Die Liebe Gottes aber bekommt man, wenn man empfänglich ist.

15. Oktober 1930

Hat dich Gott je als der Große Aufstöberer getroffen? Zu einem scheint er fest entschlossen zu sein: uns am Einschlafen zu hindern. Wir schaffen uns selbst Paradiese oder entdecken sie für uns, und diese Paradiese beginnen uns in schläfrige Zufriedenheit einzulullen. Dann kommt Gott mit seiner wachrüttelnden Hand, packt uns an den Schultern und lässt uns gründlich aufwachen.

Gott weiß, dass wir das brauchen. Wenn unsere Bestimmung ist, weiter und immer weiter zu wachsen, und zwar uns zu viel schöneren Geschöpfen zu entwickeln, als wir jetzt sind, mit mehr der idealen Züge Christi, dann heißt das, dass uns unsere Krusten ziemlich oft aufgebrochen werden müssen, damit wir wachsen können.

Ich bin zunehmend der Zuversicht, dass diese Erde nur eine kurze Schule ist, und sie wird mir in dem Maß zur Gewissheit, in dem meine enge Verbundenheit mit Gott zärtlichere Züge annimmt. Als Disziplin ist diese Welt bewundernswert.

Jesus und Buddha hatten bezüglich dieses Lebens fast die gleiche Botschaft. Buddha sagte: »Legt alles Begehren ab.« Jesus sagte: »Richtet euer Begehren nicht ganz auf diese Erde, sondern verlegt euer ganzes Begehren auf ein volleres Leben, das in euch beginnt und endlos ist.« Viele Menschen suchen andere Ausflüchte. Das richtet sich bei manchen auf großartige Leistungen, bei manchen auf hemmungsloses Spielen, bei manchen auf Drogen, bei manchen auf Irrsinn – denn Irrsinn ist nur eine Flucht vor gnadenlosem, vernichtenden Scheitern. Aber ich möchte der ganzen Welt, die einen besseren Weg braucht, sagen, dass Gott auf Signal Hill volle Befriedigung schenkt und durch mich einen Schimmer Herrlichkeit schickt, der mich sicher macht, dass dies der Weg zu echter Einsicht ist.

6. Dezember 1930

Zuweilen hat man das Gefühl, zwischen dem Kreuz und der Schönheit bestehe eine Disharmonie. Aber in Wirklichkeit kann das nicht der Fall sein, denn Gott findet sich am besten durch diese beiden Eingänge. Dieses graublaue, mit weißen Schaumkronen besetzte rollende Wasser, gesäumt mit fernen grünen Hügeln und überwölbt von bunten Wolken und einem himmelblauen Firmament, offenbart Gottes Schönheitsliebe – und in den Tropen geht Gott mit seinem Farbpinsel besonders großzügig um. Aber er geht überall großzügig um, wenn man nur den Blick dafür hat, um ihn am Werk zu sehen.

Aber wenn es um das Menschsein geht, verlangt man mehr als ein schönes Gesicht oder sogar eine vor Freude singende Seele. Im Universum gibt es eine höhere Art von Schönheit. Das ist die Schönheit des Opfers, des sich Hergebens für andere, des Leidens für andere. Eine Frau hat nicht ihre höchste Schönheit erreicht, ehe sie nicht über ihre Bequemlichkeit hinausgeht und sich für den Schmerz des Gebärens und Stillens ihres Kindes entscheidet. Ein Mann hat nicht zu seiner höchsten Schönheit gefunden, ehe seine Stirn von der Sorge für ein Anliegen geprägt ist, das er mehr liebt als sich selbst. Die Schönheit des Opfers ist der Gipfel der Schönheit.

6. Februar 1931

Heute Nacht liege ich einsam und von einer Erkältung halb krank da und lerne aus Erfahrung, dass aus Kranksein und Einsamkeit und einem Gefühl des Versagens ein tiefer Friede erwächst. All dies treibt mich meinen Hügel hinauf zu Gott. Und dann zieht gerade dank der Tränen in meine Seele ein Trost, der viel besser ist als das Lachen. Das ist »der Friede Gottes, der alles Begreifen übersteigt«, bis man ihn hat. Wenn alles genussreich ist, kann einem Gott nicht nahe kommen. Er scheint diese dunkleren Stunden zu brauchen, diese Stunden, in denen das Herz leer ist, um dem Menschen am meisten bedeuten zu können. Du und ich haben das über den Sarg kennengelernt. Wir wussten es, als wir uns trennten und unsere Herzen wund waren. Wir wussten es, als wir hilflos im Bett lagen. Liegt diese tiefe Wahrheit im Herzen der Natur selbst? Wir singen:

Näher, mein Gott, zu dir, näher zu dir!
Selbst wenn es ein Kreuz ist, das mich zu dir hebt.[2]

Ist das Kreuz der einzige direkte Eingang in das Herz Gottes?

10. Februar 1931

Sollte ich irgendeinen Beitrag für die Welt leisten, der überlebt, muss das sicher meine Erfahrung Gottes auf Signal Hill sein. Heute Nachmittag stieg ich bis zur Spitze hinauf, schwer beladen mit einem Gefühl großer Zerknirschung. Alles Unrechte, das ich im Lauf von zwanzig Jahren begangen habe, kam mir hoch und gab mir das Gefühl, ein schrecklicher Sünder zu sein. Ich erzählte alles Gott, habe

2 Nearer, my God, to Thee, nearer to Thee! / E'en though it be a cross that raiseth me. Bekannter christlicher Choral nach einem Gedicht der englischen Dichterin Sarah Flower Adams von 1841, hier wörtlich übersetzt.

aber nicht vor, hier irgendwelche Bekenntnisse zu schreiben. Wir sind nur allzu bereit, die Menschen auf Grund ihrer Vergangenheit zu verurteilen, und das ist nicht fair. Wir sind das, was wir jetzt sind, und nicht das, was wir vor einer Stunde waren oder was wir vorhaben, und auch nicht das, was wir vergeblich zu vergessen versuchen.

Als ich auf der Spitze stand und sehr geneigt war, die Tränen aus meinen Augen hervorbrechen zu lassen, hörte meine Zunge auf, zu Gott zu reden, und begann stattdessen, zu mir von Gott zu reden: »Ach kleines Kind, ich habe dich heute Nacht verletzt, und jetzt tut es mir um dich leid. Alles, was du mir gebeichtet hast, ist wahr, aber ich liebe dich immer noch. Ich liebe dich, weil du hierher kommst und mir davon erzählst. Ich liebe dich, weil du nach mir hungerst. Ich liebe dich, weil du willens bist, dich zu bessern. Das ist alles, was ich von den Menschen erwarte. Ach, ich hatte vor, so viel für dich zu tun, sobald du es zulassen würdest. Mit deinem wunden und einsamen Herzen bist du jetzt dafür bereit. Und nach dieser Folter muss ich dich eng an mein Herz ziehen, mein Kleiner.«

Und in mein Herz schlich sich eine weitere neue Liebe zu Gott ein, wie ich sie so stark noch nie gefühlt hatte. Ich fühlte mich, als sagte ich: »Gott, ich kenne weder dich noch dieses Universum noch mich selbst. Je länger ich über das alles nachdenke, desto geheimnisvoller wird es mir. Aber ich danke dir, dass Jesus uns gezeigt hat, wie du darauf brennst, dich danach sehnst, begierig darauf bist, mehr für uns zu tun, als du tun kannst. Du bist wie die Pflüger, die den Boden aufbrechen und auseinanderreißen müssen, bevor sie darin Samen streuen können, der hochwächst. Du hast mein Herz heute Nacht gepflügt, und jetzt ist es locker und bereit, dass darin etwas wachsen kann. Ich danke dir,

Gott. Ich danke dir, denn ich wäre nicht imstande gewesen, deine heilende Hand zu spüren, wenn der Schmerz nicht so akut gewesen wäre.

Gott, wie können wir diese Notwendigkeit des Leidens mit unserer Anstrengung, alles Elend zu beseitigen, vereinbaren?«

Die Antwort darauf schien mir überzeugend zu sein: »Wenn ihr das physische Leiden der Welt abschafft, wird es trotzdem weiterhin enttäuschte Liebe geben und Sehnsüchte, die sich nicht stillen lassen. Das alles wird die Herzen weiter bluten lassen, wie sie es heute tun. In stattlichen Wohnhäusern gibt es genauso viele brennende Herzen wie in Armenhäusern. Was ausgerottet werden muss, ist alles das, was die Menschen in die Gefühllosigkeit und die unablässige Selbstsucht treibt. Dann werden die Herzen angesichts unendlich größerer Dinge wund als durch selbstsüchtige Bedürfnisse. Sie werden es lernen, mit dem Herzen Jesu für die Welt zu bluten.« Da wird es dann mehr Leiden geben als heute, denn nur die Liebe versteht es, auf göttliche Weise zu leiden. Aber das armselige Leiden unter den eigenen selbstsüchtigen Enttäuschungen wird vorbei sein und wir werden im Leiden eine Größe und Erhabenheit erkennen, die uns froh machen wird.

25. Februar 1931

Als ich letzte Nacht auf der warmen Erde auf Signal Hill lag, stellte ich Gott die Frage: »Warum lässt du es zu, dass auf der Erde fast alles Sprechen wir übernehmen? Warum hören wir nicht eher immer auf deine Stimme, wo du doch so viel weiser bist als wir?«

Die Antwort kam unverzüglich. Ich konnte sie sehen, in einer Sekunde von Anfang bis Ende, auch wenn sie mehr als eine Minute erfordern wird, um sie niederzuschreiben. So viele dieser Gedanken von Gott werden mir in einem solchen Augenblick wie diesem förmlich entgegengeschleudert: »Wenn du den Moros das Lesen beibringst, besteht deine Kunst darin, so wenig zu sagen, wie du kannst, und sie sagen zu lassen, soviel sie wollen. Aus diesem Grund lasse ich dich soviel tun und sagen, wie du kannst, während ich wenig sage. Du lernst durch Tun, selbst wenn du Fehler machst und sie korrigierst. Ihr sollt Söhne und Töchter Gottes sein, und nun setzt ihr zu den ersten schwankenden Schritten eines Kleinkinds an. Jeder Schritt, den ihr allein tut, ist unendlich wichtiger, als ihr euch jetzt vorstellen könnt, denn das, was ich für euch vorbereite, sprengt euer ganzes Vorstellungsvermögen. Daher ist euer Reden zu mir ganz wesentlich. Das, was die anderen sagen, wenn sie versuchen, euren Erwartungen entsprechend zu reden, ist wichtiger als das, was ihr ihnen zuredet. Das ist die beste Handlungsweise: Redet sehr viel mit mir. Lasst andere sehr viel zu euch sagen und schätzt alles Wertvolle, das sie sagen. Seht über ihre Fehler hinweg.«

3. März 1931

O wenn wir nur Gott voll zum Zug kommen ließen, würde er unsere Herzen mit der Herrlichkeit seiner Offenbarung brechen. Das ist das Privileg, das der Prediger vor allen anderen haben kann. Es ist seine Aufgabe, direkt ins Antlitz Gottes zu schauen, bis er vor Segen stöhnt. So fühle ich mich an diesem Morgen nach zwei Stunden wunderbaren Denkens mit Gott. Jetzt, auf diesem »Berg der Verklärung«, möchte ich nie mehr von hier fortgehen. Ich möchte dieses köstlich schmerzende Herz für immer behalten. Aber das wäre nicht Christus gemäß. Ich muss jetzt alles von ihm, was ich kann, über den Fluss in die Moro-Schule tragen. Dort heißt es Zahlen und Gehälter durchzurechnen, denn es ist Monatsabschluss. Wie viel von dieser Herrlichkeit lässt sich ins Geschäftliche hineintragen?

5. April 1931

Wir sehen uns mit Jesus auf die Probe gestellt. Er konnte in den Rachen des Todes schreiten, um sein gesegnetes Werk für andere zu vollbringen. Er konnte es wagen, gegen das Unrecht das Wort zu ergreifen und die Konsequenzen dafür auf sich zu nehmen. Er konnte Geißelschläge auf sich nehmen, sich von Soldaten ins Gesicht spucken lassen, konnte die grausam stechenden Schmerzen von Dornen auf seinem Kopf aushalten, konnte ohne ein Wort oder auch nur einen Gedanken der Wut Schmähungen ertragen, konnte, während er sich vor Qual am Kreuz wand, an seine Mutter denken, konnte schreien: »Vater, vergib ihnen, denn sie wissen nicht, was sie tun!« Ich habe in Büchern die Behauptung gelesen, diese Worte seien offensichtlich frei erfunden, denn unter der entsetzlichen Qual, an Nägeln an einem Kreuz zu hängen, könne sich niemand wirklich so verhalten. Aber Jesus war mehr als einmal in seinem Leben ein derart »unmöglicher« Mensch, dass er das wohl konnte. Diese Szene passt zu seinem ganzen Charakter. Es stimmt zwar, dass niemand, der derart leidet, dabei an andere denken kann, aber Jesus war besser als wir alle anderen. Was für eine Tragödie, was für ein ungeheuer entsetzliches Geschehen! Der beste Mensch, den es je gab, musste so sterben, weil er zu gut war, um davor davonzulaufen.

Hätte er das getan, so wäre die Menschheit noch tiefer in die Verzweiflung gestürzt. Sie hätte Jesus zwar vermutlich in der Erinnerung behalten, oder auch nicht. Denn die Menschheit möchte glauben, dass Gott gut ist, während die Kreuzigung Gott so vorstellt, als habe er das großartigste Beispiel der Treue zu ihm im Stich gelassen. Schon allein dieses Kreuz ist entsetzlich. Der Gott, der es zuließe, dass dieses Drama damit aufhört, wäre ein Monster oder tot. »Mein Gott, warum ...?«

Von daher können wir nur an einen guten Gott glauben, wenn es Ostern gibt. Diese Geschichte ist schwer zu glauben, denn wir hatten bislang oder seither noch nie etwas Derartiges. Aber das ist nur die Schwierigkeit, an etwas noch nie Dagewesenes zu glauben. Andererseits ist es viel schwerer, das zu bezweifeln. Dazu müsste man entweder die ganze Geschichte des Lebens Jesu abtun oder dem Universum alle Intelligenz und alles Herz absprechen. Sollte ich mich dafür entscheiden, so werden meine Schwierigkeiten noch weit größer, als nur intellektueller Art zu sein: Sie werden moralischer Natur. Ich kann nicht tatsächlich mich selbst für andere opfern, jedenfalls nicht bis zum Tod, denn das wäre dann Torheit, so edel es auch klingen könnte. Der Akt Jesu würde damit nicht nur unbesonnen und nutzlos, sondern für die gesamte übrige Menschheit irreführend.

> *Wie lässt sich das beweisen? Du Tor, es ist nicht bewiesen! Es lässt sich nicht beweisen. Wie kannst du einen Sieg beweisen, bevor er errungen ist? Wie kannst du wissen, ob der Mensch, dem du folgst, dein Vertrauen verdient, solange du ihm nicht bis in den Tod und über den Tod hinaus gefolgt bist? Das könnte doch nichts anderes sein als Satans Lüge über das ewige Leben ... Und du? Du möchtest Gründe haben. Ich will keine haben. Man muss sich entscheiden. Ich entscheide mich für Christus.*
>
> Studdert Kennedy

Der letzte Satz ist der springende Punkt in der ganzen Geschichte. Es ist eine Frage der Entscheidung. Entscheidet man sich für Christus, führt das ins Geheimnis, lehnt man ihn ab, führt das in die Hoffnungslosigkeit.

28. September 1931

Heute ist es Mode, Gott vor Gericht zu stellen und ihm den Prozess zu machen. Wir haben eine derartige Lust, jeden guten und nützlichen Menschen in der Geschichte zu »entlarven«, dass dem sogar Gott nicht entkommt. Das ist eines der unglücklichen Nebenprodukte der Suche nach der Wahrheit sowie des unangenehmen Bedürfnisses der Menschheit nach Skandalen. Es ist eine Spielart der Eifersucht. Uns gefällt die Vorstellung nicht, irgendjemand anderer könne so gut sein wie wir, nicht einmal Gott.

Was mich angeht, entscheide ich mich dafür, dieser Strömung nicht weiter zu folgen, also aufzuhören, mich zum Richter des Universums aufzuschwingen. Hätte das zu irgendwelchen guten Ergebnissen geführt, könnte ich vielleicht dabei bleiben, aber bislang hat es mich bloß in die Wüste hinausgeführt und mich da draußen gelassen. Die Bücher, die man darüber liest, enden auch alle in der Wüste.

Ich habe mich für einen anderen Weg entschieden. Ich habe beschlossen, durch Gott hindurch auf die Menschen zu blicken, verwende also Gott als meine Brille, die mit seiner Liebe zu ihnen gefärbt ist.

Wie du weißt, habe ich mich voriges Jahr zum Versuch entschlossen, Gott allezeit im Kopf zu behalten. Das war für einen einsamen Menschen in einem fremden Land ziemlich einfach. Für Hirten und für Mönche und Einsiedler war das immer leichter als für Menschen, die sich ständig mitten unter vielen anderen Menschen bewegen.

Aber heute ist das ziemlich anders. Ich bin nicht mehr allein. Ich verbringe die Stunden von Tagesanbruch bis zum Zubettgehen in der Gegenwart anderer Menschen. Entweder schließt diese neue Situation Gott aus oder ich muss ihn in das alles mit hineinnehmen. Ich muss es lernen, mit Gott ein ständiges stummes Gespräch von Herz zu Herz zu führen, während ich dabei in die Augen anderer sehe und auf deren Stimmen höre. Wenn ich mich dazu entschließe, ist das bei weitem schwieriger als das, was ich zuvor getan habe.

Aber wenn dieses Experiment irgendwelchen Wert für stark beschäftigte Menschen haben soll, muss ich es unter genau diesen Bedingungen durchführen, unter starkem Druck und von Scharen von Menschen umgeben.

Es gibt nur einen einzigen Weg dazu. Gott muss mein Denken teilen, wenn ich mich der Grammatik und den Epen der Moro widme, auf der Schreibmaschine schreibe, Menschen das Lesen beibringe und mit meiner Familie beim Zeitunglesen über die letzten Aufregungen spreche. So bin ich fest entschlossen, mich von nichts, gar nichts von diesem Bemühen abhalten zu lassen, außer von der reinen Müdigkeit, die alles Denken ausschaltet.

Man muss Gott nicht alles über die Menschen sagen, für die man betet. Das Beste ist es, wenn man sie sich einen um den anderen fest vergegenwärtigt und wünscht, dass Gott seinen Willen an ihnen erfülle, denn Gott weiß besser als wir, was unsere Freunde brauchen, aber unser Gebet setzt seine Kraft frei – wie, das wissen wir gar nicht.

Dieser Nachmittag hat mir eine wunderschöne Erfahrung ganz innerhalb meines Geistes beschert. Ich schloss zum Beten die Augen und vergegenwärtigte mir dann die Gesichter der Menschen direkt um mich, dann derer in den Häusern nebenan, dann derer weiter längs der Straße und dann über den Fluss und entlang der Landstraße bis zur nächsten Stadt und zur nächsten und übernächsten, und über das Gebirge hinaus bis zur Küste, dann über den

See nach Norden, dann über den weiten Ozean nach Kalifornien und dann über Amerika alle die Menschen, die ich kenne, dann hinüber nach Europa die Menschen, denen ich dort begegnet bin, von da aus in den Nahen Osten, wo meine Missionarsfreunde leben, dann nach Indien, wo ich weitere Freunde habe, dann zu anderen nach China und zu den Massen, die unter den schrecklichen Wehen von Kälte und Hunger leiden – binnen einer Minute rund um die Welt; und eine Zeit lang war das so, als sei meine ganze Seele von einem göttlichen Licht erhellt, während sie die Welt Gott entgegenstreckte!

Ich kann Gott nicht erreichen, wenn ich ihn wie eine Fotografie auf Armeslänge weg von mir halte, sondern indem ich mich intensiv nach vorn beuge, so wie man sich seiner Geliebten zuneigt. Eine derart unersättliche Liebe wie die Gottesliebe lässt sich erst dann erfüllen, wenn wir uns bis an unsere Grenzen auf sie einlassen. Zudem wird Gott erst dann zufrieden sein, wenn seine schmerzenden Arme auch meine Nachbarn umfangen und auch die Massen der Menschen auf der ganzen Welt und wenn wir alle zusammen auf ihn und aufeinander eingehen.

28. September 1931

Wenn einem irgendein wunderbarer Segen zuteil geworden ist, von dem zu wissen die gesamte Menschheit ein Recht hat, sollten einen kein Brauch und keine falsche Bescheidenheit davon abhalten, anderen davon zu erzählen, selbst wenn das bedeuten würde, dass man seine Seele dem öffentlichen Blick preisgibt.

Ich habe eine solche Lebensweise gefunden. Ich fordere niemand anderen auf, sie zu führen oder das auch nur zu versuchen. Ich möchte nur bezeugen, dass das wunderbar, ja der Himmel auf Erden ist. Und es ist ganz einfach. Es ist so einfach, dass jedes Kind es praktizieren kann. Man braucht einfach nur für jeden Menschen, dem man begegnet, innerlich zu beten und das unaufhörlich den ganzen Tag lang zu tun, selbst während man irgendwelche Arbeit anderer Art verrichtet.

Diese einfache Praxis erfordert lediglich einen sanften Druck des eigenen Willens, und zwar nicht mehr davon, als ein Mensch ganz leicht aufbringen kann. Das wird leichter, wenn es zur festen Gewohnheit wird.

Doch es verwandelt das Leben zum Himmel. Jeder Mensch nimmt einen anderen Reichtum an und die ganze Welt scheint von Herrlichkeit angehaucht zu sein. Natürlich weiß ich nicht, was andere von mir denken, aber die Freude, die ich in meinem Inneren habe, lässt sich nicht beschreiben. Gäbe es nie eine andere Belohnung als diese, so würde mir das diese Praxis schon mehr als rechtfertigen.

Heute habe ich gemerkt, dass ich ziemlich rasch müde werde, wenn ich die anderen Menschen vergesse. Wenn ich mir dagegen meine Absicht in Erinnerung rufe und wieder damit anfange, Menschen, die ich sehe oder auch nicht sehe, vor Gott hinzuhalten, kommt in mir wieder innere Freude hoch und die ganze Müdigkeit vergeht.

11. Oktober 1931

Eine Errungenschaft der Freundschaft ist, dass man Gott immer besser kennenlernt. »Wenn sich zwei Menschen ineinander verlieben, kann ein derart starkes Gefühl der Verbundenheit und des Glücks entstehen, dass man womöglich sich selbst in der sich vertiefenden Entdeckung des anderen Menschen verliert.« Das Ich und die geliebte Person werden gleichermaßen real.

Daraus ergeben sich folglich drei Fragen, die wir stellen könnten: »Glaubst du an Gott?« Das führt nicht sehr weit, denn »auch die Dämonen glauben und zittern deswegen«. Zweitens: »Bist du mit Gott vertraut?« Wir sind mit Menschen vertraut, mit denen wir einige geschäftliche Beziehungen hatten. Drittens: »Ist Gott dein Freund?«, oder anders gefragt: »Liebst du Gott?«

Diese dritte Stufe ist die wirklich lebenswichtige. Wie kann man sie erreichen? Genau auf die gleiche Weise, wie man jede Freundschaft entwickelt: indem man Dinge gemeinsam tut. Die Tiefe und Intensität der Freundschaft wird von der Vielfalt und dem Ausmaß der Dinge abhängen, die wir gemeinsam tun und genießen. Wird die Freundschaft dauerhaft bleiben? Auch dies hängt wiederum von der Dauerhaftigkeit unserer gemeinsamen Interessen ab sowie davon, ob sich unsere Interessen in immer weitere Kreise ausdehnen, so dass wir nicht stagnieren. Die höchste Freundschaft ist auf Wachstum angewiesen. »Sie muss progressiv sein, so wie das Leben selbst progressiv ist.« Freunde müssen miteinander gehen; sie können nicht lange auf der Stelle treten, denn das bedeutet den Tod der Freundschaft und des Lebens.

Die Freundschaft mit Gott ist die Freundschaft des Kindes mit Vater oder Mutter. Genau wie ein idealer Sohn tagtäglich in eine engere Beziehung zu seinem Vater hineinwächst, so können auch wir in eine engere Liebe zu Gott hineinwachsen, indem wir uns für seine Interessen weiten, seine Gedanken teilen und uns an seinen Unternehmungen beteiligen.

Als Werkzeug Gottes, das dazu diente, die Liebe zu erschaffen, war weit mehr als alles andere das Kreuz von Bedeutung, an dem der liebevollste Mensch, den die Welt je gekannt hat, mit seiner ganzen Qual hängt und uns weiter liebt. Dieses Kreuz wurde für ein Drittel der Welt zum Symbol der Religion und der Liebe, denn es rührt an die tiefsten Tiefen der menschlichen Liebe.

Alles, was ich gesagt habe, bleiben bloße Worte, solange man sich nicht daran macht, Gott dabei zu helfen, Unrecht zu beheben, den Hilflosen zu helfen, andere zu lieben und das alles mit Gott zu besprechen. Dann stellt sich ein starkes Gefühl des ganz offenen, warmen, vertrauten Herzens der Wirklichkeit ein. Gott fließt einfach in dich ein und du weißt, dass er in deinem Herzen da ist. Er ist dein Freund geworden, indem er mit dir zusammenwirkt.

Wenn mich also jemand fragen würde, wie man Gott finden kann, würde ich auf der Stelle sagen: Ergründe den tiefsten Hunger, den du finden kannst, und lass über dem Versuch, diesen Hunger zu stillen, deine ganze Bequemlichkeit hinter dir. Sprich darüber mit Gott und – er wird da sein. Du wirst es spüren .

2. Januar 1932

Der Lehrer in der Schule gibt seinen Schülern Hausaufgaben. Ich fasse den Vorsatz, jede Situation dieses Jahres als Hausaufgabe Gottes für die betreffende Stunde anzusehen und mich nie darüber zu beklagen, dass es sich um eine sehr banale oder enttäuschende Aufgabe handelt.

Einer meiner geistigen Züge, gegen den ich am meisten aufbegehrt habe, ist die Häufigkeit meiner »Aussetzer«, wenn ich es nicht fertig bringe, mir irgendetwas Schreibenswertes einfallen zu lassen oder wenn mir zuweilen Namen einfach nicht einfallen. Ich nehme mir vor, dies künftig als Gottes Zeichen dafür zu sehen, dass ich stehen bleiben und horchen soll. Manchmal möchte man mit seinem Sohn sprechen und ein anderes Mal möchte man ihn bloß schweigend an sich drücken. So geht Gott mit uns um; er möchte schweigend mit uns zusammen sein.

Das ist etwas, das wir mit allen Menschen in der Welt teilen können: Nicht alle können brillant oder reich oder wunderschön sein. Sie können nicht einmal alle wunderschöne Träume haben, wie sie Gott manchen von uns eingibt. Sie können nicht alle Musik genießen. Ihre Herzen brennen nicht alle vor Liebe. Aber alle können es lernen, Gott an der Hand zu halten und still zu sein. Und wenn Gott zum Sprechen bereit ist, werden ihnen die frischen Gedanken vom Himmel wie ein kristallklarer Brunnen zufließen. Alle begeben sich am Tagesende zur Ruhe. Was für ein Gewinn wäre es für die Welt, wenn alle in den wartenden Armen des Vaters ausruhen könnten und horchen würden, bis er ihnen etwas zuflüstert.

Frank C. Laubach

II.

Das Spiel mit Minuten

Christus ist die einzige Hoffnung der Welt

»Enttäuscht von allen unseren Bemühungen, sehen wir jetzt, dass die einzige Hoffnung, die dem Menschengeschlecht noch bleibt, darin besteht, wie Christus zu werden.« Das ist die Aussage eines bekannten Naturwissenschaftlers. Sie wird wiederholt von immer mehr Erziehern, Staatsleuten und Philosophen. Doch Christus hat die Welt nicht aus ihrem derzeitigen schrecklichen Dilemma gerettet. Der Grund dafür liegt auf der Hand: Wenige Menschen nehmen genügend von Christus an, um entweder sich selbst oder die Welt zu retten. Man nehme zum Beispiel die USA. Nur ein Drittel der Bevölkerung gehört einer christlichen Kirche an. Weniger als die Hälfte dieses Drittels geht regelmäßig zum Gottesdienst. Die Prediger sprechen in vielleicht einem von vier Gottesdiensten über Christus – monatlich also vielleicht dreißig Minuten! Es mag etliche hervorragende Predigten geben, aber zu selten wird darin Christus vorgestellt.

Wenn ein Sechstel der Bevölkerung weniger als zehn Minuten pro Woche an Christus denkt, reicht das nicht aus, um unser Land oder unsere Welt zu retten, denn Selbstsucht, Habgier und Hass finden tausendmal mehr Aufmerksamkeit. Das, was eine Nation im Kopf hat, macht ihren Charakter aus. Wir werden erst dann wie Christus werden, wenn wir ihm mehr Zeit widmen. Bei der Lehrerausbildung müssen die Studenten drei Jahre lang wöchentlich vierundzwanzig Stunden Unterricht mitmachen. Könnten die Lehrerseminare etwa kompetente Lehrer ausbilden oder die Universitäten ihre Jurastudenten zu kompetenten Anwälten, wenn diese nur wöchentlich zehn Minuten lang ihr Fach studieren würden? Unter diesen Umständen kann auch Christus uns nicht ausbilden und er hat nie behauptet, dass er das könne. Er hatte zu seinen Jüngern gesagt: »Kommt mit mir, macht euch mit mir auf den Weg, sprecht mit mir und hört auf mich, arbeitet mit mir und ruht mit mir aus, esst und schlaft mit mir, und zwar drei Jahre lang täglich vierundzwanzig Stunden.« Das war ihr Ausbildungskurs. In der Bibel heißt es: »Er wählte sie aus, dass sie bei ihm seien«, wöchentlich 168 Stunden!

Alle, die es schon versucht haben, auf diese Art einen Monat lang bei ihm zu verweilen, kennen die Kraft, die das gibt – es ist, als werde man vom Mittelpunkt her bis ganz nach außen neugeboren. Das verändert jeden Menschen, der das tut, vollkommen. Und es würde auch die Welt verändern, die das tun würde.

Wie kann ein Mensch heute diesen Intensivkurs mit Christus machen? Die Antwort ist so einfach, dass sie jedes Kind verstehen kann. Tatsächlich gelingt das ja erst dann erfolgreich, wenn wir »umkehren und wie die Kinder werden«.

1. Wir nehmen uns täglich eine Stunde Zeit zum Studium. Das heißt, wir lesen täglich mindestens eine Stunde lang immer wieder nachdenklich und mit innerer Gebetshaltung das Leben Jesu, wie es uns die Evangelien überliefern. Dafür suchen wir immer neue Ansätze und andere Übersetzungen, damit uns diese Lektüre nicht zu lang-

weilen anfängt, sondern immer anregend und inspirierend bleibt. So wandern wir mit Jesus durch Galiläa, indem wir mit ihm durch die Seiten seiner irdischen Geschichte wandern.

2. Wir machen ihn uns zum unzertrennlichen Freund. Wir versuchen, pro Minute wenigstens eine Sekunde lang an ihn zu denken. Dabei brauchen wir nicht andere Dinge zu vergessen oder bei unserer Arbeit innezuhalten, sondern wir laden ihn ein, alles mit uns zu teilen, was wir tun oder sagen oder denken. Hunderte von Menschen haben damit schon experimentiert, bis sie Wege gefunden haben, um mit ihm jede Minute ihres wachen Lebens zu teilen. Tatsächlich ist das nicht schwerer zu erlernen als das Tastendrücken auf der Schreibmaschine. Mit dem bisschen Anstrengung, wie sie der Könner zum Schreiben eines Briefes braucht, kann man dann schon bald einen hohen Prozentsatz seiner Minuten damit bereichern.

Diese beiden Praktiken nehmen zwar unsere ganze Zeit in Anspruch, aber sie ziehen sie dennoch nicht von irgendeinem guten Unternehmen ab. Vielmehr holen sie Christus in dieses Unternehmen mit herein und bereichern sein Ergebnis. Zudem halten sie die Religion des Menschen auf einem immer gleichen Pegel. Wenn die Temperatur eines Kranken tagtäglich gewaltig steigt und sinkt, schätzt ihn der Arzt als ernsthaft krank ein. Das gilt auch für die Religion. Nicht spirituelle Kälte- und Fieberzeiten sind das Anzeichen einer gesunden Religion, sondern ein anhaltender Glaube, der tagtäglich den Willen sanft auf Christus hin ausrichtet.

Dass man sich in das ständige Verweilen in Gottes Gegenwart einüben kann, steht außer Zweifel. Das haben schon unzählige Menschen bewiesen. Ja, die spirituellen Riesen aller Zeitalter haben es gekannt. Christen, die es heute praktizieren, werden begeisterter und überzeugender und sind unermüdliche Zeugen. Männer und Frauen, die Sklaven irgendwelcher Laster waren, wurden dank seiner von diesen frei. Für Katholiken und Protestanten gehört diese Praxis, sich in Gottes Gegenwart zu versetzen, zum Kern ihres Glaubenslebens. Konservative und Liberale sind sich darin einig, dass dies eine Realität ist, die sie brauchen. Menschen, die dankbar für das sind, was ihnen dieses Büchlein gebracht hat, bestellen ganze Mengen davon, um sie unter ihren Freunden zu verteilen. Briefe aus allen Teilen der Welt bezeugen, dass bei diesem Spiel unzählige Menschen die Niederlage in Sieg verwandeln und die Verzweiflung in Freude.

Die Ergebnisse dieses Programms beginnen sich nach einem Monat deutlich zu zeigen. Nach sechs Monaten werden sie reicher und nach zehn Jahren großartig.

Jemand könnte einwenden: »Das alles ist sehr orthodox und alt.« Tatsächlich ist es das Geheimnis der großen Heiligen aller Zeitalter. Paulus schrieb: »Betet ohne Unterlass. In allem macht eure Bitten Gott bekannt« und: »Alle, die sich vom Geist Gottes führen lassen, sind Kinder Gottes.«

Wie wir das Spiel mit Minuten gewinnen

Niemand ist mit sich selbst ganz und gar zufrieden. Unser Leben zeichnet sich durch Licht und Schatten aus, kennt gute Tage und viele unbefriedigende Tage. Wir haben gelernt, dass sich die guten Tage und Stunden einstellen, wenn wir Christus sehr nahe sind, und dass die schlechten Tage die sind, an denen wir ihn aus unseren Gedanken fortschieben. So besteht der Weg zu einem anhaltend guten Zustand ganz klar darin, in alles, was wir tun, sagen oder denken, ihn mit hineinzunehmen.

Die Erfahrung hat uns gezeigt, dass gute Vorsätze nicht reichen. Wir müssen in unser Leben Disziplin bringen und ihm eine feste Ordnung geben. Die Bezeichnung »Spiel mit Minuten« ist ein ziemlich lockerer Name für eine solche klare Ordnung im Bereich des Geistes. Viele von uns haben es als enorm hilfreich erlebt. Es ist nur eine neue Bezeichnung für etwas so Altes, dass es bereits von Henoch berichtet wird: »Er ging seinen Weg mit Gott.« Es ist eine Lebensweise, die fast jeder kennt und fast jeder vernachlässigt hat. Wer sich etwas auskennt, wird unverzüglich merken, dass es eng an das »Leben in Gottes Gegenwart« von Bruder Lorenz anknüpft.[1]

---

1 Bruder Lorenz (um 1610 bis 1691) übte sich darin, sich bei all seinem Tun mit Gott zu unterhalten. Seine kurzen Schriften, Briefe und Gesprächsaufzeichnungen wurden erstmals von Gerhard Tersteegen (1697–1769) übersetzt und veröffentlicht. Reinhard Deichgräber gab 2007 eine behutsame Neubearbeitung unter dem Titel *All meine Gedanken sind bei dir – In Gottes Gegenwart leben* heraus.

Wir nennen das ein »Spiel«, weil es sich dabei um eine köstliche Erfahrung und eine aufmunternde spirituelle Übung handelt; allerdings wird man rasch entdecken, dass es viel mehr ist als ein bloßes Spiel. Vielleicht würde man es treffender als »Erkundungsexpedition« bezeichnen, denn es führt zunächst in etwas, das wie ein wunderschöner Garten anmutet. Dann weitet sich der Garten zum Land; und schließlich geht uns auf, dass wir eine neue Welt erkunden. Das mag reichlich poetisch klingen, aber gegenüber dem, was die Erfahrung uns gezeigt hat, ist das keine Übertreibung. Manche haben es schon damit verglichen, dass es wie das Herauskommen aus einem dunklen Gefängnis ist und man zu leben anfängt. Wir sehen dabei zwar immer noch die gleiche Welt, aber dennoch ist es nicht mehr die gleiche, denn sie hat eine neue, herrlichere Färbung und einen viel tieferen Sinn. Gott sei Dank, dass dieses Abenteuer allen Menschen kostenlos offen steht, reichen wie armen Menschen, weisen wie unwissenden, berühmten wie unbekannten, solchen mit untadeliger Vergangenheit genauso wie solchen mit problematischer. »Wer immer will, der komme!« Das Größte auf der Welt gibt es für alle!

Du wirst das genauso leicht und so schwer finden wie die Einübung sonst irgendeiner neuen Gewohnheit. Bislang hast du vielleicht nur ein paar Sekunden oder Minuten pro Woche an Gott gedacht und die ganze übrige Zeit war er dir ganz aus dem Sinn. Jetzt versuchst du wie Bruder Lorenz, Gott in jedem wachen Augenblick deines Lebens im Kopf zu haben. Eine solche drastische Änderung deiner Gewohnheit erfordert anfangs eine echte Anstrengung.

Viele von uns finden es sehr hilfreich, Abbildungen Christi zu haben, auf die unsere Augen fallen, sooft wir uns umsehen. Ein recht beglückendes Hobby ist es, die ansprechendsten Bilder von Christus zu sammeln, am besten in Taschengröße, damit wir immer binnen weniger Sekunden unseren eigenen »Schrein« aufstellen können.

Wie man anfängt

Wähle eine günstige Stunde. Mache den Versuch, wie viele Minuten dieser Stunde du wenigstens einmal pro Minute an Gott denken kannst; das heißt, fasse in allen sechzig Minuten dieser Stunde zumindest eine Sekunde lang den Gedanken an Gott. Es ist nicht notwendig, jede Sekunde an Gott zu denken, denn der Geist eilt wie ein schneller Fluss von einem Gedanken zum anderen.

Deine Trefferzahl wird zunächst niedrig bleiben, aber mach mit dem Versuch weiter, denn das wird ständig leichter und nach einiger Zeit geradezu automatisch. Es folgt den wohlbekannten Gesetzen der Ausbildung von Gewohnheiten. Das ist genauso, wie wenn du etwa Stenografieschreiben zu lernen versuchst; anfangs geht das sehr mühsam. Genauso ist es, wenn du Klavier spielen oder Fahrrad fahren oder das Einsetzen neuer Muskeln lernst. Wenn du dieses »Spiel mit Minuten« zu spielen versuchst, merkst du, dass du spirituell immer noch ein sehr schwaches Kind bist. Ein Kind, das noch nicht stehen kann, greift nach allem Erreichbaren, um sich auf die Beine hochzuziehen, steht ein paar Sekunden wacklig da und fällt erschöpft wieder zurück. Dann versucht es das wieder und kann jedes Mal ein bisschen länger stehen bleiben als zuvor. Wenn wir anfangen, Gott im Sinn zu behalten, sind wir wie so ein kleines Kind. Wir brauchen etwas, an das wir uns klammern können. Bei jedem Versuch, den wir machen, gelingt uns das besser, bis wir am Ende fähig werden, an Gott so oft denken zu können, dass das schließlich 90 Prozent des ganzen Tages ausmacht.

Wie man dieses Experiment in der Kirche ausprobieren kann

Eine gute Gelegenheit für einen erfolgreichen Anfang damit kann es sein, wenn du in der Kirche beginnst – vorausgesetzt, die Predigt handelt von Gott. Als unsere Gemeinde das zum ersten Mal versuchte, teilten wir Zettel aus, auf denen stand:

Auswertungsliste zum »Spiel mit Minuten«

Während dieser Stunde dachte ich _____ verschiedene Minuten lang zumindest einmal pro Minute an Gott.

Unterschrift: ________________________________

Zu Beginn des Gottesdienstes gab der Pastor Folgendes bekannt: »Jeder wird gebeten, nach Ablauf einer Stunde diese Auswertungsliste auszufüllen. Zum möglichst guten Gelingen können Sie sich jeder verfügbaren Hilfe bedienen. Vielleicht blicken Sie auf das Kreuz oder Sie blättern in Ihrem Gesangbuch oder in der Bibel und suchen darin nach Versen, die Sie an Gott erinnern.«

In der Predigt dieses Sonntags wurde erklärt, wie man dieses Spiel spielt. Am Ende der Stunde wurden die Auswertungslisten eingesammelt. Die Berichte der Gemeinde über die Trefferquote reichten von 5 bis zu 60 Minuten. Der Durchschnitt lag bei 44 Minuten, was 73 Prozent der Stunde bedeutete. Für Anfänger war das hervorragend. Übrigens regt ein solches Experiment die Gemeinde dazu an, besser als sonst zuzuhören, sowie den Prediger, sich in seiner Predigt eng an das Thema »Gott« zu halten.

Wenn du in der Kirche eine Trefferquote von 75 Prozent erzielst, kannst du vermutlich auch während des übrigen Tages eine ziemlich hohe Quote erreichen. Es kommt darauf an, ob du jede neue Situation meistern kannst.

Verwende eine Auswertungsliste nie länger als eine Stunde, und falls dich das ermüdet, gar nicht so lang. Du sollst bei dieser Übung etwas Neues lernen, das dir Freude macht. Deshalb soll es dir nicht zur mühsamen Aufgabe werden.

Auf dem Heimweg von der Kirche

Kannst du dein Spiel mit Minuten gewinnen, während du an Menschen auf der Straße vorbeigehst? Ja! Experimente haben einen sicheren Weg zum Erfolg dabei ergeben: Richte an Gott ein kurzes Gebet für die Menschen, die du zu Gesicht bekommst. Es fällt leicht, für jemanden, dem man direkt in die Augen blickt, spontan still ein Gebet zu formulieren. Die Art, auf die solche Menschen einen anlächeln, zeigt, dass sie das mögen! Diese Praxis schenkt ein überraschend freudiges Gefühl, wie man sich selbst leicht beweisen kann. Eine halbe Stunde, die man statt mit etwas Ermüdendem mit Gehen und Beten für alle, denen man begegnet, verbringt, gibt einem das Gefühl ständig zunehmender Energie, so als lade man eine Batterie auf. Sie ist wie ein Stärkungsmittel und eine gute Möglichkeit, ein Gefühl der Ermüdung zu überwinden.

Manche von uns gehen am rechten Rand des Gehsteigs, um Platz für unseren unsichtbaren Freund zu lassen, von dem wir uns lebhaft vorstellen, dass er an unserer Seite geht, und wir widmen uns dem stillen Gespräch mit ihm über die Menschen, denen wir begegnen. So können wir zum Beispiel sagen: »Lieber Gefährte, was können wir gemeinsam für diesen Menschen da tun, an dem wir jetzt vorbeigehen?« Dann flüstern wir, was wir glauben, dass Christus uns zur Antwort geben würde.

Wo wir nach Christus Ausschau halten sollten

Wir haben das Recht, jegliche Hilfe zu nutzen, die sich als nützlich erweist. Eine solche Hilfe besteht darin, sich vorzustellen, dass Christus an einer bestimmten Stelle ist. Es stimmt zwar, dass er reiner Geist und überall zugleich ist – aber daher ist er auch überall, wo wir wahrnehmen, dass er ist. Viele von uns gewinnen bei unserem Spiel an manchen Tagen fast ganz, indem sie seine unsichtbare Gegenwart in der Form wahrnehmen, dass sie ihn in einem Stuhl sitzen oder neben sich gehen sehen. Manche von uns richten den Blick so lange auf ihr Lieblingsbild von ihm, bis es uns immer lebhaft in der Erinnerung hochkommt, sooft wir uns seine unsichtbare Gegenwart vorstellen und wir ihn fast buchstäblich sehen. Viele von uns sehen ihn auch in ihren Träumen. Andere spüren ihn wie etwa der heilige Paulus mit Vorliebe in ihrer eigenen Brust; viele spüren ihn so wie der heilige Patrick rund um sich herum, über und unter sich, vor und hinter sich, so als bewegten sie sich innerhalb seines gütigen Heiligenscheins. Wir können aber auch unsere ganz eigenen, geheimen Weisen haben, die uns zur Wahrnehmung verhelfen, dass er uns sehr nahe und liebevoll zugetan ist.

In einer Bahn oder einer Menschenmenge

Sprechen wir angesichts jedes Menschen in unserer Nähe immer in unserem Inneren »Gott« oder »Jesus« oder »Christus«. Dabei können wir versuchen, doppelt zu sehen, wie Christus das tut: also den jeweiligen Menschen sehen, wie er ist, und den Menschen, den Christus aus ihm machen möchte. Dabei passieren bemerkenswerte Dinge. Es kann sogar sein, dass diejenigen, auf die man sich innerlich einstellt, sich einem zuwenden, vor allem Kinder. Die Atmosphäre eines Raumes verändert sich, wenn einige Menschen darin über alle anderen Anwesenden innerlich mit Gott oder Christus sprechen. Vielleicht gibt es keinen wertvolleren Dienst, als sich einfach in Versammlungen oder Menschenmengen aufzuhalten und dabei innerlich »Jesus« zu sprechen und dann einzelnen Menschen konkret zu helfen, sobald man eine Möglichkeit dazu sieht. Wenn Dr. Chalmers das klingelnde Telefon abhebt, sagt er sich in seinem Innern jedes Mal: »Jetzt wird ein Kind Gottes mit mir sprechen.« Das können auch wir tun, sooft uns jemand anspricht.

Würden in Amerika alle das gerade Beschriebene tun, so hätten wir hier schon »den Himmel auf Erden«. Das ist keine bloße fromme Poesie. Wir haben erlebt, was da passiert. Versuche das diese ganze Woche, bis sich in dir eine eigenartige Kraft entwickelt. So wie Rundfunkbotschaften aus England in Long Island für ganz Amerika ausgestrahlt werden, können wir zu spirituellen Rundfunksendern für Christus werden. Jede Zelle in unserem Gehirn ist eine elektrische Batterie, die er dazu verwenden kann, das zu verstärken, was er den Menschen sagen will, die spirituell taub sind, damit sie ihn ohne unsere Hilfe zu hören lernen.

Während des Gesprächs mit anderen

Angenommen, du kommst heim und triffst eine Gruppe Freunde an, die in ein gewöhnliches Gespräch vertieft sind. Kannst du dabei zumindest in jeder Minute einmal an Gott denken? Das fällt schwer, aber wir haben herausgefunden, dass wir das mit Erfolg tun können, wenn wir dazu einige Gedächtnisstützen verwenden. Hier sind die Hilfen, die sich als nützlich erwiesen haben:

1. Stelle in deiner Sichtweite ein Bild Christi auf, auf das du häufig hinsehen kannst.

2. Lass neben dir einen Stuhl leer und stelle dir vor, dass dein unsichtbarer Meister darauf sitzt. Falls möglich, lege deine Hand auf ihn; berühre diesen Stuhl, als hieltest du die Hand des Meisters. Er ist da, denn er hat versprochen: »Siehe, ich bin immer bei euch.«
3. Summe innerlich ständig ein Gebetslied vor dich hin, zum Beispiel: »Ich bete an die Macht der Liebe, die sich in Jesus offenbart«.
4. Bete still für jeden einzelnen Menschen in der Gruppe.
5. Sprich innerlich immer wieder: »Herr, gib mir deine Gedanken ein. Sag mir, was ich sagen soll.«
6. Am besten erzählst du deinen Gefährten vom »Spiel mit Minuten«. Wenn sie sich dafür interessieren, sind deine Schwierigkeiten behoben. Du kannst Gott nicht für dich behalten, solange du ihn nicht an andere weitergibst.

Bei Tisch

Alle gerade genannten Anregungen sind auch zur Essenszeit nützlich. Wenn möglich, halte einen Stuhl für deinen unsichtbaren Gast frei, der gesagt hat: »Wo immer zwei oder drei in meinem Namen versammelt sind, bin ich mitten unter ihnen.« Eine weitere nützliche Hilfe ist, sich vor Augen zu halten, was die Quäker von jeder Mahlzeit glauben. Jesus hat zu uns gesagt: »Esst dies zum Gedächtnis an mich.« Sie sind der Auffassung, dass er damit nicht nur das konsekrierte Brot meinte, sondern jedes Nahrungsmittel, so dass jeder Bissen »Christi Leib, für uns gebrochen« ist.

Du kannst aus diesem Büchlein vorlesen und eine Diskussion darüber anregen. Es hilft unverzüglich, wenn andere bei Tisch zustimmen, bei dieser Mahlzeit gemeinsam das Spiel zu gewinnen.

Beim Lesen eines Buchs

Wenn wir eine Zeitung, eine Zeitschrift oder ein Buch lesen, lesen wir das ihm vor! Wir werfen öfter einen Blick auf den leeren Stuhl, auf dem wir uns ihn vorstellen, oder auf sein Bild und führen mit ihm ein fortlaufendes Gespräch über die Seite, die wir gerade lesen. Kagawa schreibt, wissenschaftliche Bücher seien Briefe von Gott, in denen er uns mitteilt, wie er sein Universum lenkt.

Hast du schon einmal einen Brief geöffnet und ihn mit Jesus gelesen und ist dir dabei aufgegangen, dass er mit uns über das darin enthaltene Amüsante lächelt, sich über die berichteten Erfolge freut und über die Lebenstragödien, von denen die Rede ist, weint? Falls nicht, hast du eine der kostbarsten Lebenserfahrungen versäumt.

Beim Nachdenken

Wie kannst du an Gott denken, wenn du dir Zeit nimmst, um über irgendein Problem tiefer nachzudenken? Du kannst das auf die Weise tun, dass du dir eine neue Gewohnheit zulegst. Bei allem Nachdenken verwendet man im Stillen Worte und es ist ein echtes Gespräch mit dem eigenen inneren Selbst. Statt nur mit dir selbst zu sprechen, kannst du jetzt die Gewohnheit entwickeln, mit Christus zu sprechen. Viele von uns, die das versuchten, haben herausgefunden, dass wir dabei viel besser nachdenken können und künftig gar nicht mehr versuchen wollen, wieder ohne ihn zu denken. Dazu ist es für uns hilfreich, wenn wir uns vorstellen, dass er auf einem Stuhl neben uns sitzt und sich mit uns unterhält. Wir sagen mit unserer Zunge, was wir denken, das Christus wohl als Antwort auf unsere Fragen sagen würde. So befragen wir Christus über alles.

Wenn man allein spazieren geht

Wenn du zum Spazierengehen ins Freie gehst, kannst du dir mühelos mindestens jede Minute einmal Gott in Erinnerung rufen. Du brauchst dir dazu nur vor Augen zu halten, dass »die Schönheit die Stimme Gottes ist«. Aus jeder Blume und jedem Baum, aus jedem Berg und jedem Sonnenuntergang spricht Gott. Sage dir: »Das ist die Welt meines Vaters. Die gesamte Natur singt mir ins Ohr ...« Du kannst also bei jedem einzelnen wunderschönen Anblick die Frage stellen: »Lieber Vater, was sagst du mir damit, und was mit diesem und mit jenem?«

Falls du an einen Ort gewandert bist, an dem du laut sprechen kannst, ohne dass dir jemand zuhört, kannst du dich sprechend mit dem unsichtbaren Gefährten in oder neben dir unterhalten. Frage ihn, was ihm am meisten am Herzen liegt, und gib ihm dann mit deiner Stimme laut die Antwort, von der du glaubst, dass Gott sie dir zusprechen würde.

Natürlich sind wir nicht immer sicher, ob wir Gottes Antwort richtig erraten haben, aber es ist überraschend, wie oft wir dessen doch recht sicher sind. In Wirklichkeit ist es gar nicht notwendig, uns ganz sicher zu sein, dass unsere Antwort die richtige ist, denn es kommt letztlich nicht auf diese Antwort an, sondern auf ihn! Gott ist unendlich viel wichtiger als sein Ratschlag oder seine Gaben. Ja er, er selbst, ist das große Geschenk. In der Jugend der Liebe schätzt man nicht in erster Linie das, was der oder die Geliebte einem sagt oder gibt, sondern viel stärker die Tatsache, dass er oder sie einem gehört und hier bei einem ist. Das kostbarste Privileg beim Sprechen mit Gott ist diese intime Nähe, die wir mit ihm haben können. Da kann es dann sein, dass wir eine glorreiche Abfolge himmlischer Minuten erleben. Wie töricht sind die Menschen, wenn sie diese ergreifendste Freude des Lebens verpassen, obwohl sie wissen, dass sie diese auf einem einsamen Spaziergang erleben könnten!

Aber die wundervollste Entdeckung von allen ist die – um mit dem heiligen Paulus zu sprechen –, dass »Christus in mir lebt«. Er wohnt in uns, geht in unserem Denken mit uns, greift durch unsere Hände in der Welt mit an, spricht mit unserer Stimme – vorausgesetzt, wir gehorchen jeder seiner Einflüsterungen.

Er sei unser letzter Gedanke

Wir sorgen dafür, dass es ein Bild Christi oder eine Bibel oder ein Kreuz oder irgendeinen anderen Gegenstand gibt, der unsere Augen grüßt, bevor wir sie zum Einschlafen schließen. Wir flüstern alle Worte der liebevollen Zuwendung, die uns unser Herz eingibt. Falls wir den ganzen Tag mit ihm gegangen sind, werden wir unserem geliebten Gefährten auch in unseren Träumen begegnen. Nach einem solchen Tag kann es zuweilen vorkommen, dass unsere Kopfkissen, auf denen wir eingeschlafen sind, nass wurden vor Tränen der Freude, weil wir seine zärtliche Berührung auf unserer Stirn gespürt hatten. Gewöhnlich empfinden wir keine tiefe Emotion, aber immer haben wir »einen Frieden, der alles Verstehen übersteigt«. Das ist der Abschluss eines vollkommenen Tages.

Am Montagmorgen

Wenn wir an einem Sonntag bei unserem Spiel mit Minuten eine Marke von über 50 Prozent erreicht haben, werden wir begierig sein, dieses Experiment auch während eines recht ausgefüllten Montags anzustellen. Wenn wir die Augen aufschlagen und an der Wand ein Bild Christi sehen, können wir die Frage stellen: »Also lieber Meister, soll ich jetzt aufstehen?« Manche von uns sprechen ihm im Stillen jeden Gedanken über das Waschen und Anziehen am Morgen zu, über das Schuheputzen und die Auswahl der Kleider. Christus nimmt an allem Anteil, denn er liebt uns inniger, als eine Mutter ihr Kleinkind liebt oder ein Liebhaber seine Geliebte, und er ist nur dann glücklich, wenn wir jede Frage mit ihm teilen.

Menschen bei der Arbeit

Unzählige Tausende von Menschen behalten Gott im Kopf, während sie sich auf alle Arten von geistiger oder körperlicher Arbeit einlassen, und stellen fest, dass sie damit glücklicher und effizienter sind. Menschen, die unerträgliche Prüfungen durchmachen, gewinnen neue Kraft, wenn ihnen aufgeht, dass ihr unsichtbarer Gefährte an ihrer Seite ist. Allerdings kann niemand, dessen Geschäft für andere schädlich ist oder dessen Methoden unehrlich sind, Gottes Partnerschaft erwarten. Aber wenn ein Unternehmen nützlich ist, beteiligt sich Gott bereitwillig an dessen echtem Fortschritt. Der Zimmermann kann bessere Arbeit leisten, wenn er über jede Arbeit still mit Gott spricht, wie das Jesus bestimmt tat, als er selbst Zimmermann war. Viele von uns haben festgestellt, dass wir einen Brief besser formulieren oder ein Buch besser schreiben können, wenn wir sprechen: »Gott, denk du die Gedanken in meinem Kopf. Was willst du, dass ich schreiben soll? Hier hast du meine Hand; gebrauche sie. Lass aus meiner Hand deine Weisheit fließen.« Unsere Gedanken werden dann flinker und was wir schreiben, wird besser. Gott liebt es, der Mitverfasser zu sein!

Kaufleute und Bankiers

Ein Kaufmann, der seine Kunden bedient und zugleich für sie betet, gewinnt ihre Zuneigung und kommt mit ihnen ins Geschäft. Ein Händler, der für diejenigen betet, mit denen er verhandelt, kann mit größerer Wahrscheinlichkeit etwas verkaufen. Ein Buchhalter oder Bankangestellter kann im Stillen mit Gott über jede Zahlenreihe sprechen und sicher sein, dass sich Gott für diese Zahlen interessiert, sogar mehr als er selbst. Der bekannte Astronom Sir James Jeans nennt Gott den »Supermathematiker des Universums, der unablässig mathematische Formeln verwendet, die Einstein in den Wahnsinn treiben würden.«

Daheim

Viele Frauen pflegen die Gemeinsamkeit mit Christus beim Kochen, Spülen, Putzen, Nähen und Versorgen ihrer Kinder. Hilfen, die sie nützlich finden, sind:

1. Im Innern mit Gott über jede kleine Angelegenheit sprechen, aus dem Wissen heraus, dass er gern hilft.
2. Ein Gebetslied summen oder singen, das man besonders gern mag.
3. Den Kindern beibringen, wie man das Spiel mit Minuten spielt, und sie einladen, dabei mitzumachen. Kinder lieben dieses Spiel und wenn sie es spielen, entwickeln sie eine innere Beherrschung, die es fast erübrigt, sie in die Schranken zu weisen.
4. Im Haus Bilder Christi haben, die einen ständig an ihn erinnern.
5. Zu Gott sagen: »Denk du deine Gedanken in meinem Kopf.«

In der Schule

Ein zunehmendes Heer von Schülern in der Schule meistert dieses Spiel. Sie erzählen uns, wie sie das anstellen. Hier ihr Geheimnis:

Während des Lernens sprechen: »Gott, ich habe bloß vierzig kostbare Minuten. Hilf mir, meine umherschwirrenden Gedanken zu konzentrieren, damit ich keinen Augenblick verliere. Zeige mir, was ich mir in diesem ersten Abschnitt besonders gut merken muss« – und dann die Lektion Gott vorlesen, statt sie nur für sich zu lesen.

Bevor man sich meldet, um etwas zu sagen, still im Innern sprechen: »Gib mir einen klaren Kopf, damit ich mich an alles, was ich gelernt habe, gut erinnere. Nimm mir alle Angst.«

Bevor man aufsteht, um vor einer Gruppe zu sprechen, innerlich beten: »Gott, sprich du mit meinen Lippen.«

Während einer Prüfung die ganze Stunde hindurch still vor sich hinsagen: »Vater, lass meinen Kopf klar bleiben und hilf mir, mich an alles zu erinnern, was ich gelernt habe. Wie soll ich diese nächste Frage beantworten?« Stell dir lebhaft vor, wie er dir jede Minute über die Schulter schaut, während du schreibst. Gott wird dir nichts sagen, das du nie gelernt hast, aber wenn du ihn darum bittest, schärft er dir dein Gedächtnis und nimmt dir das Lampenfieber. Hast du nicht schon gemerkt, dass dir oft ein Name, den du vergessen hattest, im Gedächtnis aufblitzt, wenn du darum gebetet hattest, er möge dir kommen?

Ich muss dazu sagen, dass uns das davon abhält, unehrlich zu sein oder zu schummeln, denn wenn wir nicht ehrlich sind, können wir auch nicht seine Hilfe erwarten. Aber das ist ein guter Grund dafür, das Spiel mit Minuten zu spielen. Ein guter Charakter ist hundertmal mehr wert als großes Wissen oder akademische Titel.

Um gut mit den anderen Schülern auszukommen, mache es dir zur Gewohnheit, für jeden Schüler, mit dem du zu tun bekommst, kurz ein Gebet zu sprechen, und auch während du dich mit ihm unterhältst. Ein gewisses Gespür verrät ihm, dass dir an seinem Wohlbefinden liegt, und er mag dich dann deswegen.

Gebetsrunde in Hufeisenform

Für eine Gruppe von Freunden besteht eine sehr wirksame Form des Betens darin, in Form eines Hufeisens nebeneinander zu sitzen und sich an den Händen zu halten. Manche von uns haben am offenen Ende des Hufeisens einen Altar mit einem Kreuz oder einem Bild Jesu oder einer Bibel oder einem Globus stehen. Das Hufeisen öffnet sich in Richtung der Städte, Länder und Menschen, die unser Gebet am dringendsten nötig haben.

Dieses Hufeisen des Gebets erinnert uns an die großen Magneten, die, wenn man sie unter Strom setzt, ganze Lokomotiven hochheben können. Wir versuchen, uns von dem uns zuströmenden Heiligen Geist zum Emporheben der Welt verwenden zu lassen und alle Menschen zu Christus zu ziehen.

Es erinnert uns auch an den Rundfunksender, der, wenn der Strom eingeschaltet ist, um die ganze Welt ausstrahlt. Wir bieten uns als Gottes Rundfunkstation an.

Das leichte Prickeln, das wir gewöhnlich dabei empfinden, erinnert uns an das Leuchten und zarte Surren in den Radioröhren, wenn das Gerät eingeschaltet ist.

Jede christliche Familie kann vor der Mahlzeit ein Gebets-Rundfunkgerät bilden, indem sich alle bei der Hand fassen. Jugendgruppen werden das lieben. Sonntagsschulklassen kann es beleben, wenn sie zehn Minuten mit »Rundfunksenden« verbringen. Erstorbene Gebetstreffen werden lebendiger, wenn sie zu Hufeisen-Magneten des Gebets werden.

Öffentliche wie private Schulen und Colleges werden feststellen, dass Hufeisen-Gebetskreise bei den Schülern sehr beliebt sind. Das ist etwas, das Christen und Juden gemeinsam veranstalten können. Der Gottesdienst kann damit zur aufregendsten Erfahrung ihres Lebens werden.

Die Gruppe könnte zunächst eine Liste der dringendsten Weltprobleme und wichtigsten Schlüsselpersonen vorbereiten. Eine hervorragende Idee ist es, dass jemand beim Frühstück aus der Zeitung die Probleme und Namen der Personen vorliest, die an diesem Morgen am dringendsten das Gebet nötig haben.

Der Leiter könnte in etwa sagen: »Herr, in dieser kritischen Stunde möchten wir alles in unserer Macht Liegende tun. Wir bitten dich, verwende uns dazu, dem Präsidenten zu helfen, hungrig nach dir zu sein, auf dich zu horchen und zu hören und dir zu gehorchen. Wir heben Präsident Eisenhower in deine Gegenwart.«

Dann könnten alle ihre gefalteten Hände zum Himmel halten. Und genauso könnten sie mit der ganzen Liste verfahren.

Wenn dann die Gebetsliste abgehakt ist, könnte man die Welt in Form des Globus Gott entgegenstrecken und jemand könnte das Vaterunser sprechen.

Während der Stunden des Spiels

Gott interessiert sich genauso sehr wie wir selbst für unseren Spaß. Viele von uns sprechen während unserer Spiele mit ihm. Manche bekannte Fußballspieler haben schon lange entdeckt, dass sie besser spielten, wenn sie das ganze Spiel hindurch beteten. Manche der bekannten Läufer beten während der Läufe. Wenn etwas Gesundheit und Freude und Freundschaft und frischen Geist mit sich bringt, ist Gott lebhaft daran interessiert, weil er sich für uns interessiert.

Während du auf dem Spielplatz bist, bitte nicht um das Gewinnen, sondern sag im Stillen: »Gott, lass ganz deinen Willen geschehen. Hilf uns allen, unser Bestes zu geben. Gib uns, was viel wichtiger ist, als unsere Gegner zu besiegen: Lass uns saubere Sportler und gute Freunde werden.«

Gott und die Liebe

Verliebte, die weise genug waren, um ihre Liebe auch mit Gott zu besprechen, haben diese dadurch als unvergleichlich wunderbarer erlebt. Weil »Gott die Liebe ist«, hegt er die größte Sympathie für jedes zärtlich geflüsterte Wort und jeden liebevollen Blick. Auch Eheleute legen ein hinreißendes Zeugnis dafür ab, wie Haushalte wunderbar zum Guten verwandelt werden können, wenn man zusammen ist und still betet. In manchen Fällen, wo sie angefangen hatten, einander »auf die Nerven zu gehen«, weil sie Tag und Nacht allein beieinander waren, und dann begonnen hatten, das Spiel mit Minuten zu spielen, konnten sie feststellen, dass ihre Liebe wieder eigenartig frisch, reich und wunderschön wurde, »wie neue Flitterwochen«. Gott ist der, der alle echten Ehen zusammenführt, und er schenkt seine höchste Freude dem Mann und der Frau, die ihre Liebe zueinander mit ihm teilen und innerlich füreinander beten, wenn sie beisammen sind und einander in die Augen blicken. Die eheliche Liebe wird unendlich viel wunderbarer, wenn jede Minute Christus das Band ist, und sie wird dann im Lauf der Jahre bis zum letzten Tag immer zärtlicher. Man stelle sich zudem vor, was das den Kindern Gutes bringt!

Schwierigkeiten

Schwierigkeiten und Schmerzen suchen alle heim, die sich in Gottes Gegenwart einüben, genau wie das bei Jesus der Fall war. Aber alles das erweist sich im Vergleich mit ihrer neuen frohen Erfahrung als unbedeutend. Wenn wir unsere Tage mit ihm verbracht haben, können wir feststellen, dass wir, selbst wenn uns Erdbeben, Feuer, Hungersnöte oder andere Katastrophen bedrohen, nicht stärker von Angst geplagt werden als Paulus bei seinem Schiffbruch. »Die vollkommene Liebe vertreibt die Angst.«

Dieses Büchlein über das »Spiel mit Minuten« eignet sich gut für Menschen, die daheim oder in Krankenhäusern an Krankheiten leiden. Krankenschwestern erinnern uns daran, dass sich die Gedanken der Menschen, wenn sie krank sind, wie zu keiner anderen Zeit Gott zuwenden. Patienten auf dem Weg der Genesung können oft viele Stunden des Nichtstuns haben, in denen sie Zeit finden, ihre Gedanken auf Gott hin auszurichten. Wenn man sich auf dieses Spiel einlässt, schafft das einen idealen mentalen Zustand, um rasch zu genesen.

Diejenigen, die sich darum bemühen, ständig mit Gott verbunden zu leben, haben festgestellt, dass ihre frühere Angst vor dem Sterben verschwunden ist. Wir haben vielleicht sogar zu einer neuen mystischen inneren Verbundenheit mit unseren lieben Verstorbenen gefunden, denn zwar können wir sie nicht sehen, aber sie sind bei Christus, und da er bei uns ist, sind auch sie bei uns.

Was es uns alles kostet, um dieses Spiel zu gewinnen

Das erste, was es uns kostet, ist, dass wir unseren Willen drängen, zwar sanft, aber beharrlich. Welches Spiel ließe sich je ohne Anstrengung und Konzentration gewinnen?

Das zweite ist die Ausdauer. Nicht der letzte Grund zur Entmutigung ist eine anfänglich niedrige Trefferquote. Alle haben lange Zeit eine solche niedrige Trefferquote. Aber sie wird jede Woche besser und erfordert dann weniger Mühe.

Das dritte, was es uns kostet, ist die vollkommene Auslieferung. Wir verlieren Christus in dem Augenblick, in dem unser Wille aufbegehrt. Falls wir versuchen, uns auch nur einen abgelegenen Winkel unseres Lebens für unser Ich oder etwas Schlechtes vorzubehalten, und uns weigern, uns von Gott ganz und gar beherrschen zu lassen, wird dieser kleine Wurm die gesamte Frucht verderben. Wir müssen ganz und gar aufrichtig sein.

Das vierte ist, dass wir anderen davon erzählen. Wenn jemand sich beschwert, dass er bei diesem Spiel verliert, sollten wir ihm unverzüglich mit der Frage erwidern: »Erzählst du deinen Freunden von diesem Spiel?« Denn du kannst Christus erst dann behalten, wenn du ihn hergibst.

Das fünfte, was es uns kostet, ist, einer Gruppe anzugehören. Wir brauchen den Anreiz einiger weniger enger Freunde, die ihre Erfahrungen mit uns austauschen.

Was wir alles gewinnen

Offensichtlich ist das ein Spiel, das in vielerlei Hinsicht anders ist als andere Spiele. Ein Unterschied ist, dass dabei wir alle gewinnen. Es mag sein, dass wir nicht in allen Minuten oder auch nur in der Hälfte unserer Minuten gewinnen, aber auf jeden Fall gewinnen wir ein reicheres Leben, und das ist alles, worauf es wirklich ankommt. Es gibt keine Verlierer außer denjenigen, die aussteigen. Sehen wir uns einige Aspekte dieses Gewinnens an:

1. Wir entwickeln das, was Thomas von Kempen eine »vertraute Freundschaft mit Jesus« nennt. Unser unsichtbarer Freund wird uns Tag um Tag lieber, vertrauter und wunderbarer, bis wir ihn schließlich als »Jesus, den Liebhaber meiner Seele« erkennen und solche Formulierungen in Liedtexten für uns zu glücklichen persönlichen

Erfahrungen werden. Unsere Zweifel vergehen und uns wächst die Sicherheit zu, dass er zuverlässiger bei uns ist als jeder andere Mensch. Diese herzliche, glühende Freundschaft reift schnell, bis die Menschen ihre Herrlichkeit aus unseren Augen leuchten sehen – und sie wächst weiterhin Monat für Monat zu größerem Reichtum und stärkerer Strahlkraft heran.

2. Alles, was wir unternehmen, gelingt besser und glatter. Uns wird der tagtägliche Beweis zuteil, dass Gott uns bei allem, was wir tun, beisteht und einen Beweis um den anderen dafür liefert, bis wir seiner sicher sind, nicht dank Büchern oder Predigern, sondern aus eigener Erfahrung.

3. Wenn wir dieses Spiel spielen, wird unser Geist in jedem Augenblick klar wie ein Gebirgsstrom.

4. Die Bibel und die christlichen Lieder kommen uns wie unterschiedliche Bücher über das gleiche Thema vor, denn sie beginnen von den wunderbaren Gedanken der Heiligen zu funkeln, die glorreiche Erfahrungen mit Gott gemacht haben. Wir beginnen ihr Glück zu verstehen, denn wir teilen es mit ihnen.

5. Tagtäglich sind wir rund um die Uhr zufrieden, ganz gleich, was uns aufgebürdet ist, denn er ist bei uns. »Wenn Jesus mit mir geht, gehe ich ganz gleich wohin.«

6. Es fällt uns leicht, anderen von Christus zu erzählen, denn unser Denken wird von ihm überflutet. »Aus der Fülle des Herzens redet der Mund.«

7. Groll, Eifersucht, Hass und Vorurteile schmelzen dahin. Kleine Höllen wandeln sich in kleine Himmel. Wo dieses Spiel eingeführt wurde, haben sich ganze Gemeinschaften verwandelt. Der Pegel der Liebe hebt sich wie der Wasserspiegel eines stillen Sees und ertränkt schließlich alle Dämonen der Bosheit und Selbstsucht. Dann sehen wir, dass die einzige Hoffnung für diese kranke Welt darin besteht, den Menschen die »Praxis der Gegenwart Gottes« beizubringen.
8. »Genie besteht zu 90 Prozent aus Konzentration.« Dieses Spiel führt schließlich wie jede Konzentration auf einen Gegenstand zum Aufblitzen neuer brillanter Gedanken, die uns verblüffen und uns auf dem Sprung halten, um jederzeit die nächste Einsicht zu erwarten, die Gott uns schenkt.

Unendliche Vielfalt

Die Vorstellung, dass Religion öde, dumm und verschlafen sei, ist für Gott abstoßend, denn er hat eine unendliche Vielfalt geschaffen und liebt es, uns zu überraschen. Wenn dich irgendeine verschlafene Frömmigkeitsform anödet, ödet sie Gott vermutlich genauso an. Löse dich von ihr und gehe auf ihn mit einer der unzähligen frischen Formen zu. Wenn unserem Geist die Lebendigkeit seiner Begeisterung für Gott abhanden kommt, ist es am besten, wir verlegen uns auf eine andere Form des Zugangs zu ihm, so wie man am Radio zu einem anderen Sender wechselt. Für diejenigen, die Gottes Sprache kennen, sind jeder Baum, jede

Wolke, jeder Vogel, jedes Orchester, jedes Kind, jede Stadt und jede Seifenblase lebendig von Gott erfüllt.

Das ist etwas für alle

Einfache Menschen glauben oft, mit Gott unterwegs zu sein, übersteige ihre Verhältnisse oder falls sie alle ihre Freuden mit Gott teilten, müssten sie »auf manches Schöne verzichten«. Was für ein tragisches Missverständnis, Gott als den Vernichter unseres Glücks zu verstehen! Ein wachsender Strom froher Stimmen rund um die Welt singt froh davon, dass sie es als die faszinierendste Freude erleben, die sie je gekannt haben, wenn sie ihre Stunden mit Gott verbringen: Sie sagen, im Vergleich damit sei ein Baseballspiel oder Pferderennen geradezu langweilig.

Religion, die begeistert

Dieses Spiel ist keine sture Pflicht. Niemand muss es spielen, wenn er kein reicheres Leben sucht. Es ist ein köstliches Privileg. Wenn du für Minuten oder Stunden oder Tage vergisst, es zu spielen, so lass dich nicht lange auf Stöhnen oder Bedauern ein, sondern beginne einfach mit einem Lächeln wieder von Neuem damit. Es geht dabei um eine faszinierende Freude – mach keine griesgrämige Bußübung daraus. Mit Gott kann jede Minute zu einem frischen Neuanfang werden. Vor dir liegen grenzenlose Möglichkeiten. Walt

Whitman blickte zum sternenbesetzten Himmel auf und rief fröhlich:

Fort, Seele, hiss sofort das Segel!
O kühne, aber sichre Freude!
Geht's denn nicht immer in die Meere Gottes?
O segle weiter, weiter, immer weiter![2]

Was mit Gewinnen gemeint ist

Du gewinnst deine Minute, wenn du während dieser Minute entweder

1. betest,
2. an Gott denkst,
3. ein Andachtslied singst oder summst,
4. über Gott sprichst oder schreibst,
5. darum bemüht bist, im Geist des Gebets ein Leiden irgendwelcher Art zu lindern,
6. mit dem Bewusstsein arbeitest, dass Gott gegenwärtig ist,
7. still zu Gott betest,

---

2 Away, O Soul, host instantly the Sail! / O daring joy but safe! / Are they not all the seas of God? / O farther, farther, farther sail!

8. dich von Gott umgeben fühlst,
9. auf ein Bild oder Symbol Christi blickst,
10. einen Schriftvers oder ein Gedicht über Gott liest,
11. jemandem um Gottes willen eine hilfreiche Handreichung bietest,
12. bei dir ein Gebet für die Menschen sprichst, denen du begegnest.
13. der Führung deiner inneren Stimme folgst,
14. etwas für das Reich Gottes planst oder arbeitest,
15. anderen Zeugnis von Gott, der Kirche oder diesem Spiel ablegst,
16. mit jemand anderem Leiden oder Trauer teilst,
17. auf Gott horchst und in Blumen oder Bäumen, im Wasser, in Bergen, im Himmel ihn siehst.

Wir machen nie den Versuch, alles Minute für Minute festzuhalten (es sei denn gelegentlich eine Stunde lang), denn eine solche Aufzeichnung würde ein normales Leben stören. Wir wollen ja keine neue Knechtschaft praktizieren, sondern eine neue Freiheit. Daher dürfen wir uns nicht derart vom Trefferzählen binden lassen, dass wir das Herrliche daran und seine Spontaneität verlieren. Wir richten unsere Augen nicht auf die Uhr, sondern auf Jesus.

Über das Leben von Frank C. Laubach

Frank C. Laubach (2. September 1884 – 11. Juni 1970) war Missionar und Mystiker, der als der »Apostel der Analphabeten« bekannt wurde. In Pennsylvania geboren, erhielt Laubach seine Ausbildung am *Union Theological Seminary* der *Princeton University* und an der *Columbia University* (wo er 1915 in Soziologie promovierte). 1912 heiratete er Effa Seely. 1915 ging er für das *American Board of Foreign Missions*, die 1810 im Rahmen der Erweckungsbewegung gegründete älteste US-amerikanische Auslandsmissionsgesellschaft, als Missionar auf die Philippinen.

Nach vierzehn Jahren erfolgreichen Unterrichtens, Schreibens und Verwaltens in Cagayan und Manila erfüllte er sich 1929 seinen Wunsch, sich unter den wilden Moros, einem muslimischen Stamm auf Mindanao, niederzulassen. In der dortigen Provinz Lanao wurde ihm eine bemerkenswerte Reihe von Gotteserfahrungen zuteil. Gleichzeitig entwickelte er eine Technik, wie man die Moro-Sprache mit Symbolen, die eng mit ihren gesprochenen Worten zusammenhingen, in Schrift umwandeln konnte. Diese Technik machte es nicht nur möglich, ihnen binnen weniger Stunden das Lesen beizubringen, sondern befähigte sie auch unverzüglich, andere das Lesen zu lehren.

1928, zwei Jahre vor den Erfahrungen, die ihn stark verwandeln sollten, fühlte sich Laubach zutiefst unbefriedigt. 1930 ging ihm schließlich auf, dass er nach fünfzehn Jahren als Geistlicher immer noch nicht seine Tage so verlebte, dass er »sich Minute für Minute darum bemühte, dem Willen Gottes zu folgen«. Zu dieser Zeit beschloss er, nach einer Möglichkeit zu suchen, sein Tun alle paar Minuten auf den Willen Gottes hin ausrichten zu können. Seine damaligen Vertrauten wandten ein, er versuche da etwas Unmögliches. Doch er ließ sich davon nicht abschrecken, sondern begann mit dem Versuch, alle seine wachen Momente im »bewussten Horchen auf die innere Stimme zu leben und unablässig zu fragen: ›Vater, was wünschst du, dass ich sagen soll? Was wünschst du, dass ich in dieser Minute tun soll?‹« Er war der Überzeugung, dass genau das Jesus tagtäglich getan hatte.

Das erstmals 1937 erschienene Buch *Letters by a Modern Mystic* (»Briefe eines heutigen Mystikers«) ist eine Zusammenstellung von Auszügen aus Briefen Laubachs an seinen Vater. Die in diesen Briefen enthaltenen Schilderungen zeigen die eindrucksvollen Ergebnisse dieses Experiments, Augenblick um Augenblick aus der Kommunikation mit Gott zu leben. Beim hier wiedergegebenen Text von *The Game with Minutes* (»Das Spiel mit Minuten«) handelt es sich um den praktischen Leitfaden, den Laubach entwickelte, um anderen zu helfen, seine in seinen Briefen geäußerten Grundsätze anzuwenden.

Dr. Laubach dürfte am meisten für seine Arbeit bekannt sein, mit der er das Problem des Analphabetismus von Erwachsenen auf der Welt anging. Er entwickelte eine einfache Unterrichtsmethode, die es selbst den am stärksten benachteiligten Menschen auf der Welt ermöglichte, nicht nur selbst lesen zu lernen, sondern es auch anderen beibringen zu können. Für dieses Unterrichtsprogramm wurde das Motto »Each One Teach One« (»Jeder unterrichtet einen weiteren«) bekannt, dem es zu verdanken ist, dass über hundert Millionen Menschen mit der Fähigkeit zum Lesen ausgestattet wurden. Zwischen 1935 und 1967 besuchte Frank C. Laubach 105 Länder, die um Hilfe gebeten hatten, damit mehr Menschen die Fähigkeit, zu lesen, erlernten. Er entwickelte Lesematerial in 315 Sprachen. 1955 gründete er *Laubach Literacy International*, die 2002 mit der Vereinigung *Literacy Volunteers of America* verschmolz und heute *ProLiteracy Worldwide* heißt (die Zentrale befindet sich in Syracuse, New York, USA).

Norman Vincent Peale bezeichnete Laubach als einen der fünf größten Menschen der Welt and die Zeitschrift *Newsweek* porträtierte ihn als »einen der Großen in der Welt der Mission«. Am 2. September 1984 gab die Post der USA zum 100. Geburtstag Laubachs eine eigene Briefmarke heraus.

Frank C. Laubach starb 1970 mit 85 Jahren. Sein Gelöbnis, in ständiger bewusster Kommunikation mit Gott zu leben, verwandelte nicht nur ihn persönlich, sondern ermöglichte ihm auch seinen gewaltigen Einfluss bei der Behebung des Analphabetismus auf der Welt. Das Alphabetisierungswerk, das Gott vor einem Jahrhundert Frank C. Laubach beginnen half, lebt heute in der Organisation *ProLiteracy Worldwide* fort. Dr. Laubachs Sohn Robert, der 2012 94 Jahre alt wurde, ist dort als Vorstandsmitglied aktiv.

REIHENHINWEIS

NEUFELD VERLAG

Klassiker der christlichen Spiritualität

Bruder Lorenz, *All meine Gedanken sind bei dir – In Gottes Gegenwart leben.* Herausgegeben von Reinhard Deichgräber

Madame Guyon, *Von der Leichtigkeit, Gott zu finden – Das innere Gebet der Madame Guyon.* Herausgegeben von Emmanuel Jungclaussen

Gerhard Tersteegen, *In Gottes Gegenwart – Gedanken zum geistlichen Leben.* Herausgegeben von Thomas Baumann

Frank C. Laubach, *In jeder Minute bist du da – Spielerisch Gottes Gegenwart entdecken*

Der **NEUFELD VERLAG** ist
ein unabhängiger, inhabergeführter Verlag
mit einem ambitionierten Programm.

Bei Gott sind Sie willkommen! Und zwar so, wie Sie sind.

Uns liegt am Herzen, dass Menschen erfahren:

- Der christliche Glaube ist keine Religion, sondern lebt von Beziehung.
- Es gibt nichts Besseres, als mit Jesus zu leben.
- Es lohnt sich, die Bibel für das eigene Leben zu lesen.
- Die Gemeinschaft mit anderen Christen fordert uns heraus und hilft uns.

Menschen mit Behinderung bereichern!

Sie haben etwas zu sagen und zu geben, zum Beispiel:

- Sie erinnern daran, dass jeder Mensch einzigartig ist.
- Sie zeigen, dass der Wert eines Menschen nichts mit seiner Leistungsfähigkeit zu tun hat.
- Sie bremsen uns immer wieder aus und halten uns vor Augen, was im Leben wesentlich ist.
- Sie lassen erkennen, dass das Leben erfüllt sein kann – auch wenn es manchmal anders kommt als geplant.

Stellen Sie sich eine Welt vor,
in der jeder willkommen ist!

neufeld-verlag.de